Diana Leone
Das große Buch vom Quilten

Deutsche Ausgabe des
„New Sampler Quilt"
aus dem Amerikanischen
von Susanne Mollien

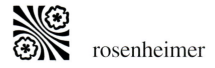

Für meine Freunde, meine Familie, meine Kunden - für alle, die mich in den vergangenen zwanzig Jahren begleitet haben. Die Quiltwelt hat in dieser Zeit eine enorme Wandlung erfahren – von dem mehr traditionell geprägten Stil der sechziger Jahre zu einer eigenständigen Kunstform heute. Neue Stilrichtungen, Nähtechniken, Muster und Designformen sind entstanden. Aus dieser Ideenvielfalt gelingt es sicher jedem Liebhaber dieser ausgefallenen Handarbeit, etwas nach seinem persönlichen Geschmack und Können zu verwirklichen. Allen, besonders den Anfängern, wünsche ich viel Freude am Quilten.

Dieses Buch hilft Ihnen, Ihre Ideen und Vorstellungen in genähte Quilts umzusetzen. Es vermittelt Ihnen alles Wissenswerte über Nähtechniken, Stoffe, Farben und Handwerkszeug.

Falls Sie Ihr Weg nach Kalifornien führt, besuchen Sie mich doch einmal in meinem Fachgeschäft, der „Quilting Bee" in Mountain View. Bringen Sie Ihre fertigen und angefangenen Quilts mit – freuen wir uns gemeinsam darüber.

Diana Leone

Titel der englischen Originalausgabe:
The New Sampler Quilt
Übersetzung: Susanne Mollien

Herausgeberin: Maura McAndrew
Musterzeichnungen: Lynn Dalton
Mitherausgeber: Carol Baxter, Joan Chamberlain, Joan Freitas, Stevii Graves, Joan Pederson, Virginia Schnalle
Für die Illustration auf S. 49 danken wir Cheryl Bradkin
Fotos: Diana Leone Studio, Jonathan Clark, Tom Moulin, Jeff Munroe und Sharon Risedorph
Musterquilt S. 69 oben: handgequiltet von Candy Levson, 1991
Musterquilt S. 73 oben: handgequiltet von Bertie Booth
Titelbild: Musterquilt im Stil der Amish. Entworfen von Diana Leone. Genäht und handgequiltet von Doris Olds.

© 1993 Leone Publications, Mountain View, California 94041 U.S.A
Text and Designs © 1993 Diana Leone, Santa Clara, California
Alle Rechte vorbehalten

Die Wiedergabe von Text oder Musterteilen aus diesem Buch ist ohne die ausdrückliche schriftliche Erlaubnis des Verlages verboten.
Leone Publications ist ein gesetzlich geschütztes eingetragenes Warenzeichen, das sich in allen Kapiteln dieses Buches findet.

© der deutschen Ausgabe 1994 by Rosenheimer Verlagshaus
ISBN 3-475-52797-9
Dieses Buch erscheint im Rosenheimer Verlagshaus GmbH & Co. KG, Rosenheim.
Es wurde gesetzt von Grafik Birkl, Riedering; den Druck besorgte Color Craft in Honkong.

Inhaltsverzeichnis

Vorwort 1
Einführung 2
Zubehör und Material 4
Ermitteln des Stoffverbrauchs 12
Quiltmaße 14
Stoffauswahl 18
   Farbwert des Stoffes 20
   Muster und Farbe 24
   Struktur von Musterdrucken 30
   Die „Farbbrücke" 34
   Vorbereiten des Stoffes 35
Fangen wir an! 36
   Fertigen der Schablonen 36
   Markieren des Stoffes 40
   Schneiden mit dem Rollschneider 42
Nähen 44
   Nähen per Hand 45
      Die Naht 45
      Zusammennähen von Einheiten 46
      Eingesetzte Teile 47
      Schmal zulaufende Spitzen 47
      Geschwungene Nählinien 48
      Keilförmige Musterteile 48
   Nähen mit der Nähmaschine 49
      Einstellen der Nahtzugabe 49
      Zusammennähen von Einheiten 50
   Basis-Schablone für fertige Blöcke 52
   Bügeln 52
Applizieren 54
   Der Hintergrundstoff 55
   Applizieren mit einer Stofflage 56
   Die Nahtzugabe wird nach hinten geheftet 57
   Der Blindstich (Saumstich) 58
   Die Nahtzugabe wird gefalzt 59
Fertigstellen der Quiltoberseite 60
   Zwischenstreifen und Eckblöcke 60
   Randstreifen 64
   Diagonale Ecken im 45°-Winkel 65
   Abgerundete Ecken 65
Zusammenfügen des Quilts 66
   Vorzeichnen des Quiltdesigns 66
   Stencils (Schablonen für Quiltmuster) 67
   Vorbereiten der Rückseite 68
   Zusammenheften der Quiltlagen 69

Quilten 72
   Einfädeln der Nadel 75
   Wachsen des Fadens 75
   Der Quiltstich 76
   Mehrere Quiltstiche auf einmal 77
   Fadenende 78
   Zwei-Fingerhut-Technik 78
   Quilten an der Nahtlinie 79
   Quilten der Kontur 79
   Quilten durch Nahtzugaben – der Stocherstich 79
   Kreppband als Quiltlinie 80
   Mäander-Quilten 80
   Entfernen von Heftstichen 80
   Praktische Tips 81
Fertigstellung 82
   Einfassen der Quiltränder 82
   Signieren des Quilts 84
   Reinigen des Quilts 84
   Aufhängen des Quilts 86
   Aufbewahren des Quilts 87
   Was ist ein Quilt wert? 87
Die Muster 88
Wie Sie die Muster verwenden 88
Bibliographie 136
Kaufinformationen 137
Stichwortregister 138
Muster nach Schwierigkeitsgrad geordnet 139

Musterquilt in Pastelltönen. Entworfen von Diana Leone. Genäht und handgequiltet von Doris Olds.

VORWORT

Vor über zwanzig Jahren habe ich meinen ersten Patchworkblock „Corns and Beans" genäht. Es gab damals nur wenige Quiltbücher, noch weniger Quiltläden und fast gar keine Kurse. Ich suchte ein paar gelbe und grüne Stoffe zusammen und fing an. Aus Pappe, die vermutlich zu dick war, schnitt ich Schablonen. Nicht allzu genau, wie sich später herausstellte. Ich markierte alle Teile auf dem Stoff, schnitt sie zu und nähte sie mit der Hand zusammen. Der fertige Block war leider mehr als verunglückt. Die beste Lösung schien mir ein würdiges Begräbnis im Garten hinter dem Haus zu sein.

Warum habe ich überhaupt einen nächsten Block genäht? Meine Kreativität war gefordert, mein Interesse geweckt; kurz, ich fand eine ideale Kombination aus handwerklicher und künstlerischer Betätigung, die mich nun seit fünfundzwanzig Jahren gefesselt hält.

An der Universität von San Jose habe ich 1972 meinen ersten Quiltkurs gehalten. Wie aber sollte ich meinen Studenten die unterschiedlichen Techniken und Kenntnisse vermitteln? Ich entdeckte den Musterquilt. Mit diesem „Instrument" konnte ich die verschiedensten Aspekte des Quiltnähens ansprechen, wie Design, Stoffauswahl und Nähtechniken. Mit dem „Heranwachsen" des Musterquilts entsteht gleichzeitig ein sehr persönlich geprägtes Werk – man sieht die Früchte seiner Arbeit und wird angespornt, weiterzumachen.

Als Resultat meiner Tätigkeit schrieb ich 1979 mein erstes Musterquiltbuch, einen Leitfaden für Patchwork- und Quiltneulinge. Das Buch erschien 1979. Seit damals hat sich viel geändert. Neue Techniken, Methoden, Werkzeuge und andere Stoffe sind hinzugekommen. All dies wurde in dem vorliegenden Band berücksichtigt. Jeder Arbeitsschritt an Ihrem Musterquilt wird ausführlich erklärt, Werkzeuge und Materialien genau beschrieben.

Sollte dies Ihr erster Versuch mit Patchwork und Quilt sein, hoffe ich, daß Ihr Interesse geweckt wird, daß Sie Spaß an den traditionellen und neuen Arbeitstechniken finden. Lassen Sie sich nicht von der Größe eines Projektes entmutigen. Wählen Sie ein Muster aus, schneiden Sie den Block zu. Nähen Sie die ersten zwei Teile zusammen, dann die nächsten. Sie werden sehen, bald haben Sie Ihren ersten Block genäht.

In dem Kapitel „Die Muster" finden Sie 36 verschiedene Vorschläge, genäht und/oder appliziert. Alle Quadrate sind gleich groß, 12 Inch (30 cm) fertig genäht oder 12 $\frac{1}{2}$ Inch (31,5 cm) mit Nahtzugabe. Sie sind alphabetisch und in einer zweiten Liste nach Schwierigkeit geordnet. Je mehr Fingerhüte angegeben sind, um so schwieriger ist das Muster zu nähen. Vielleicht sollten Sie mit dem einfachsten Block „Patience Corner" („Geduldsspiel") beginnen und ein Kissen oder ein Set nähen. Für einen Wandbehang braucht man 2 bis 12 Blöcke, für einen kleineren bis mittelgroßen Bettüberwurf 20 bis 25 Blöcke, für einen großen etwa 30.

In den letzten Jahren sind einige rationellere Schnitt- und Nähtechniken entwickelt worden. Diese Methoden sind nicht allzu schwierig anzuwenden; etwas Erfahrung und einige Grundkenntnisse sollte man jedoch schon mitbringen. Mit dem Musterquilt lernen Sie alle Techniken und Methoden kennen und können sie nach Herzenslust miteinander kombinieren. Wie groß Ihr Projekt auch sein mag, dieses Buch begleitet Sie sicher vom Stoffkauf bis zur Fertigstellung eines Quilts.

Erfahrene Quilter finden in diesem Buch ein umfassendes Nachschlagewerk. Für Quiltlehrer ist es ein Unterrichtsbuch, das ihre eigenen Erfahrungen und Kenntnisse ergänzt und unterstützt.

In all den Jahren meiner Tätigkeit als Quiltlehrerin haben mir viele Studenten und Leser Bilder ihrer Musterquilts und ihrer ersten Quiltversuche geschickt – ich freue mich auf I h r Werk! Hoffentlich wird dieser Musterquilt der erste von vielen Quilts!

Diana Leone

Einführung

Was ist ein Quilt? Ein Stoff-Sandwich – Stoff oben, Füllmaterial in der Mitte und Stoff unten. Diese drei Lagen werden mit Quiltstichen zusammengehalten und an den Seiten eingefaßt.

Was ist ein Musterquilt? Wenn die obere Stofflage eine Zusammenstellung von verschiedenen Mustern ist, nennt man das Ganze einen Musterquilt. Die einzelnen Blöcke können appliziert und/oder genäht sein, geplant oder willkürlich zusammengestellt werden. Der Musterquilt ist auch ein tolles Medium, um ungewohnte Farbkombinationen, neue Ideen oder neue Methoden auszuprobieren.

Das Konzept dieses Buches

Alle Schritte zu Ihrem Musterquilt sind in fünf Themenkreisen erklärt – von Material und Zubehör bis zur Aufbewahrung des fertigen Quilts.

1. Material und Zubehör – Alles, was Sie brauchen, um anzufangen (und ein bißchen mehr); Markennamen haben wir nur in den Fällen erwähnt, wenn wir von dem Artikel wirklich überzeugt waren. Selbstverständlich gibt es noch viele andere Produkte, einige davon nur als regionale Besonderheit. Testen Sie die unterschiedlichen Marken und kaufen Sie die, mit denen Sie am besten zurechtkommen.

2. Quiltgrößen und Stoffverbrauch – Für einige Quiltgrößen sind Pläne vorgegeben; der Stoffverbrauch ist für jede dieser Größen berechnet. Die Berechnung des Stoffverbrauches wird erklärt.

3. Vom Stoffkauf zum Nähen – Dieser Abschnitt hilft bei der Stoffauswahl, erklärt das Fertigen von Schablonen und das Zuschneiden von Stoff. Detaillierte Anweisungen erläutern Hand- und Maschinennähen, Handapplizieren, Zusammensetzen der Blöcke und Markieren der Oberseite für Hand- oder Maschinenquilten.

4. Fertigstellung des Quilts – Hier geht es um die Technik des Quiltens und die Materialien, die Sie für die Fertigstellung Ihres Quilts brauchen.

5. Aufbewahrung des Quilts – In diesem Kapitel finden Sie Tips zu Reinigung, Aufhängen und Aufbewahrung des Quilts.

Der letzte Teil des Buches enthält 36 verschiedene Muster. Für jedes dieser Muster ist ein Nähplan und Schablonen in tatsächlicher Größe gezeichnet.

Schematischer Aufbau eines Quilts

Eckblöcke – Die kleinen Quadrate werden zwischen die Bortenstreifen genäht, um sie optisch zu unterteilen und die Quiltvorderseite, das Top, lebendiger zu gestalten.

Patchwork – Kleine Stoffstücke werden nach Plan zu einem Muster oder Design zusammengenäht. Patchwork basiert auf Rastern mit einer Vielzahl von Unterteilungsmöglichkeiten. Die Musterblöcke in diesem Buch sind jeweils 12 Inch (30 cm) groß, mit Nahtzugabe 12 1/2 Inch (31,5 cm). Diese Blöcke werden zusammengenäht und bilden die Quiltvorderseite für einen Wandbehang oder eine Bettdecke. Es gibt sicherlich Tausende von Mustern, die sich zeichnen und in Patchworkblöcke umsetzen lassen.

Applizieren – Stoffteile – meist mit vielen Rundungen – werden auf ein anderes Stoffstück genäht. Für diese Technik gibt es unendlich viele Designmöglichkeiten.

Zwischenstreifen/Gitterstreifen – Zwischen die einzelnen Blöcke werden Streifen genäht. Sie können einen trennenden wie auch einen verbindenden Effekt haben. Es kommt ganz auf die Farbe an.

Randstreifen – Einer oder mehrere Stoffstreifen werden an den Rand der Quiltoberseite genäht. Dadurch wird ein Rahmen geformt, der den Quilt optisch zusammenhält. Mit entsprechend breiten Randstreifen kann ein Quilt vergrößert werden, ohne daß man weitere Blöcke nähen muß. Der Randstreifen kann also je nach Geschmack einfach oder kompliziert genäht sein. Die Abbildung zeigt eine Auswahl an Designs für einen Quiltrahmen.

„Gwendolyn's Quilt". Farbliche Gestaltung von Diana Leone. Genäht und gequiltet von Doris Olds. Beachten Sie das applizierte „Gänsemütterchen" (Mother Goose) in dem „Fliegende-Gänse"-Block (Flying Geese block). Die hier angewendete Technik des Patchwork-Applizierens wurde von Diana Leone 1989 entwickelt.

Zubehör und Material

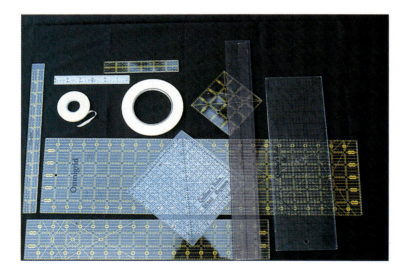

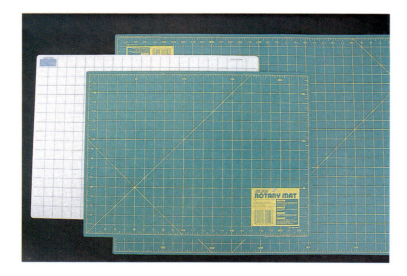

Bügelbrett
Verwenden Sie ein stabiles, gut gepolstertes Bügelbrett. Ein kleines Bügelbrett neben der Nähmaschine ist sehr praktisch, um die zusammengenähten Einzelteile schnell zu bügeln.

Bügeleisen
Ein gutes Bügeleisen mit Dampfregler ist extrem wichtig für effektives Bügeln. Das Bügeleisen von Rowenta ist eines der besten auf dem Markt. Für schnelles Bügeln neben der Nähmaschine und für unterwegs ist das Rowenta Reisebügeleisen gut geeignet. Es ist leicht, hat einen Dampfregler und ist gut zu transportieren.

Lineale
Zum Abmessen von Stoff und Schablonen werden Plastiklineale mit einer Rastereinteilung verwendet. Diese Lineale werden auch benützt, um gerade Näh- und Quiltlinien zu zeichnen. Ein durchsichtiges (C-Thru) Lineal von ca. 5 cm x 45 cm Größe eignet sich sehr gut zum Markieren. Achten Sie bitte darauf, daß manche dieser Lineale für einen Gebrauch mit dem Rollschneider zu weich sind.

Kreppband
Als Markierung für gerade Quiltlinien wird ein Stück Kreppband in der benötigten Länge auf die Quiltvorderseite geklebt. Das am vielseitigsten zu verwendende Band hat etwa die Breite der Nahtzugabe, also 0,6 cm. Kreppbänder gibt es auch in anderen Breiten, z.B. 1,25 cm und 2,50 cm. Für geschwungene Linien ist ein besonders flexibles Kreppband erhältlich.

Schneidelineal
Nicht biegsame Plastiklineale sind in diversen Breiten und Längen erhältlich. Sie eignen sich gut für das Schneiden mit dem Rollschneider. Ich verwende Omnigrid®- oder Quilter's Rule-Lineale in verschiedenen Größen mit eingedruckten, leicht erkennbaren horizontalen und vertikalen Linien sowie Winkelangaben. Diese Lineale und Einteilungen sind speziell für Quilter gemacht.

Schneidematte
In Verbindung mit dem Rollschneider werden elastische Vinyl-Schneidematten verwendet. Diese Matten gibt es in vielen Größen mit aufgedruckten horizontalen und vertikalen Linien, sowie Linien in verschiedenen Winkeln. Die kleine Matte (ca. 18 cm x 45 cm) ist für kleinere Projekte oder Kurse gedacht. Für den Großteil Ihrer Arbeit werden Sie die mittlere (ca. 45 x 60 cm) oder die große Matte (ca. 60 cm x 90 cm) verwenden. Der Idealfall ist eine 90 cm x 180 cm große Matte, die den ganzen Arbeitsplatz bedeckt. Matten von Olfa und Charvoz haben die längste Lebensdauer.

Rollschneider

Der Rollschneider ist ein mit einem Griff verbundenes scharfes Schneiderad. Es gibt ihn in zwei Größen: klein, mit ca. 2,5 cm Durchmesser, und groß, mit ca. 4,5 cm Durchmesser. In Verbindung mit dem Schneidelineal und der Schneidematte wird der Stoff mit dem Rollschneider schnell und effizient geschnitten. Der große Rollschneider wird zum Schneiden von mehreren Stofflagen benutzt; der kleine für ein oder zwei Lagen oder geschwungene Linien. Ich empfehle den Olfa-Schneider in der großen Ausführung.

Stoff-Markierer und Stifte

Die einzelnen Teile, die Schneide- und Quiltlinien werden mit scharf gespitzten Stiften markiert. Sie werden sowohl auf der rechten, als auch auf der linken Seite des Stoffes verwendet. Folgende Marken sind gut geeignet:

- Berol Verithin Stifte oder andere wasserlösliche, mittelharte und auf Wachs basierende Stifte. Sie werden auf beiden Stoffseiten benützt. Silberne und weiße Stifte sind am vielseitigsten – man sieht sie auf hellem und dunklem, auf gemustertem und einfarbigem Stoff.

- Berol Prismacolor sind sanft getönte Stifte, die auf der linken Seite des Stoffes verwendet werden. Verithin und Prismacolor gibt es in über zwanzig verschiedenen Farben, und sie sind relativ gut zu entfernen.

- Für Quilt- und Nählinien ist auch ein Druckbleistift mit einer 3H-Mine oder ein SenseMatic-Stift geeignet. Diese Stifte bleiben spitz und man kann deswegen dicht am Linealrand markieren. Aus Baumwollstoffen sind Bleistiftlinien am schwierigsten zu entfernen. Verwenden Sie daher Bleistifte mit „leichter Hand" und sehr, sehr vorsichtig.

- Ein Kreidestückchen oder ein Stück Seife sind ebenfalls für Quilt- und Nählinien geeignet.

Bitte, testen Sie zur Vorsicht alle Stifte. Nur so ist wirklich sichergestellt, daß sie sich wieder herauswaschen lassen. Markieren Sie Linien auf dem Stoff und waschen sie ihn.

Bleistiftspitzer

Ein kleiner Spitzer sollte immer in Ihrem Nähkasten sein. Ein batteriebetriebener oder elektrischer Spitzer ist eine willkommene Ergänzung des „Handwerkszeugs".

Markierungsbrett

Ein Markierungsbrett ist eine dünne, etwa 0,6 cm dünne Holzplatte, auf die eine Lage Sandpapier geklebt ist. Der Stoff wird während der Markierungsarbeit durch das Sandpapier rutschfest gehalten. Dieses Brett ist leicht selbst herzustellen: Ein ca. 55 cm x 35 cm großes Sperrholz- oder Preßspanbrett wird mit feinem Sandpapier der entsprechenden Größe beklebt.

Material für Schablonen

Als Schablonenmaterial werden Plastikbögen mit oder ohne aufgedrucktes Raster benützt. Das Muster wird Stück für Stück auf den Plastikbogen übertragen und dann sorgfältig mit einer scharfen Schere ausgeschnitten. Sechs Plastikbögen von ca. 22 cm x 28 cm Größe reichen für alle Muster dieses Buches. Falls Sie kein Plastikmaterial bekommen können, verwenden Sie eine stabile und nicht zu dicke Pappe. Im Laufe der Zeit werden die Ecken bei Pappschablonen unscharf – ersetzen Sie diese Schablonen bitte durch neue.

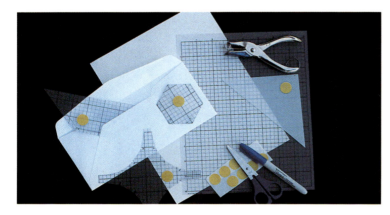

Zeichenstifte für Plastikmaterial

Wasserfeste Filzstifte können auf den meisten Plastikmaterialien verwendet werden. Nehmen Sie die mit der feinen Mine.

Umschläge

Verwenden Sie separate Umschläge für die Schablonen der einzelnen Muster. Sie sollten den Namen des Musters, Größe der Schablone (z.B. 10 cm Quadrat, Dreieck mit 7,5 cm Grundlinie) und Seitennummer des Buches auf die Vorderseite des Umschlages schreiben.

Etiketten

Versehen Sie jede Schablone mit einem selbstklebendem Etikett. Auf das Etikett kommt Mustername, Seitennummer und wie oft man das Teil für das jeweilige Muster zuschneiden muß.

Lochzange

Ein kleiner Metall-Locher wird gebraucht, um spezielle Markierungspunkte in die Schablone zu stechen. Eine sehr große Stopfnadel erfüllt diesen Zweck auch hervorragend.

Lichtkasten

Um komplizierte Quiltmuster auf die Quiltvorderseite zu übertragen, beleuchtet man das Quiltmuster von hinten. Die Quiltvorderseite wird daraufgelegt und man kann das Muster durchpausen. Es gibt kommerziell gefertigte Kästen mit fluoreszierendem Licht – oder man benützt eine einfachere Version. Man entfernt z.B. das Mittelteil eines ausziehbaren Tisches, ersetzt es durch ein Glasplatte oder eine stabile Plexiglasplatte und stellt eine Lampe unter diese Konstruktion – fertig ist der „Lichtkasten".

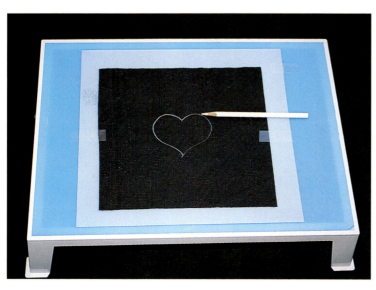

Nadelkissen

Die Erdbeere auf dem Nadelkissen ist mit Sand oder Haar gefüllt, um die Stecknadeln und Nadeln zu schärfen. Ein Stück Seife eignet sich ebensogut als Nadelkissen und hält sie auch scharf.

Bienenwachs

Bienenwachs verhindert das Verdrehen und Verknoten des Nähgarns. Der Faden wird durch ein Stück Bienenwachs gezogen und gleitet dann leichter durch den Stoff. Eventuell vorhandene Staub- und Schmutzpartikel an der Hand bleiben an der Oberfläche des Fadens haften und waschen sich nach dem Handquilten leicht heraus.

Handbalsam

Ein beruhigendes, antiseptisches Mittel, das wunde Fingerspitzen heilt. Schmerzende Finger bleiben leider nicht aus, weil beim Handquilten kleine, spitze Nadeln verwendet werden.

Trennhaken (Nahttrenner)

Ein Trennhaken ist ein kleines scharfes, spitzes Gerät, mit dem man die Nähte auftrennt. Dicke Säume lassen sich mit dem Trennhaken auch leichter zwischen Stichplatte und Nähfüßchen schieben.

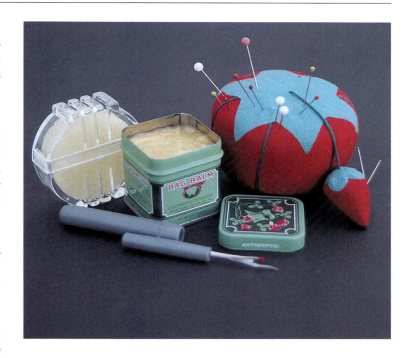

Stecknadeln

Am besten sind kurze feine Stecknadeln mit runden Köpfen. Sie beschädigen weder den dünnen Baumwollstoff noch die Nählinie. Der kleine Kopf ist auch leicht zu fühlen und gut zu halten. Lange Nadeln mit großen Köpfen, auch Quiltstecknadeln genannt, sollte man nur zum Zusammenstecken der Quiltlagen verwenden, besonders dann, wenn das Füllmaterial sehr dick ist (2,5 cm und mehr). Für die kleinen, dünnen Einzelteile der Blöcke sind die großen Nadeln zu dick.

Nadeleinfädler

Der Nadeleinfädler besteht aus einem kleinen stabilen Griff mit einer Drahtschlaufe am anderen Ende. Man verwendet ihn zum Einfädeln in die kleinen Nadelöhre von Quilt- und Appliziernadeln. Kaufen Sie lieber die teuren, die billigen brechen sehr leicht. Z.B. sind Produkte von The Clover, Elna und White solide gemacht und ziemlich haltbar.

Nadelholer

Ein Nadelholer ist ein kleines Gummiplättchen oder ein kleiner Gummiball, mit dem man eine schwer zu fassende Nadel leicht durch die Quiltlagen zieht.

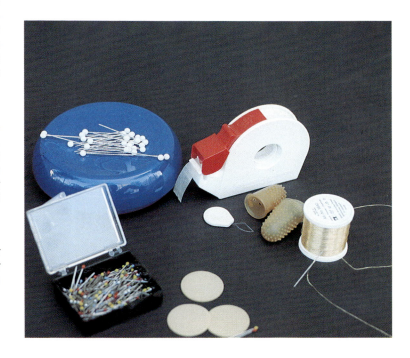

Nadeln

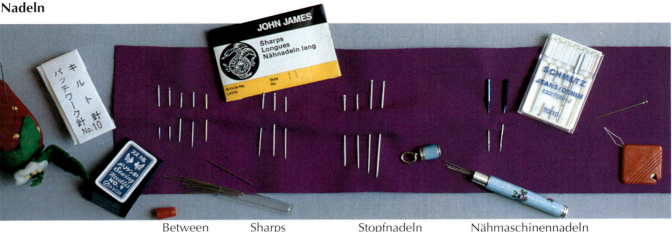

Between   Sharps   Stopfnadeln   Nähmaschinennadeln

Quiltnadeln (Betweens)

„Betweens" sind kurze, robuste, 2,5 cm bis 3,0 cm lange Quiltnadeln. Sie sind in den Größen 7 bis 12 erhältlich und werden zum Handquilten verwendet. Je höher die Nummer ist, desto kürzer ist die Nadel. Je kürzer die Nadel, desto kleiner wird der Quiltstich. Nehmen Sie die kleinste Nadel, mit der Sie zurechtkommen. Fangen Sie mit Größe 9 an. Probieren Sie es dann mit einer 10, und wenn Sie diese Größe gemeistert haben, versuchen Sie es mit einer 12.

Sharps (Spitz)

„Sharps" sind 3,0 cm bis 3,5 cm lange Nadeln, die für Handnähen und Handapplizieren gebraucht werden. Die Größen 9 und 10 können für die meisten Handarbeiten verwendet werden.

Stopfnadeln

Sie sind sehr lang und es gibt sie dick und dünn. Zum Heften benützen Sie die dünnen, um Löcher in Schablonen zu stechen, die dicken Nadeln.

Nähmaschinennadeln

Die meisten werden von Schmetz hergestellt und unter den verschiedensten Markennamen angeboten. Für gewebte Baumwollstoffe nimmt man am besten die Größe 10 oder Größe 12 Jeans-Nadel. „Universal"-Nadeln haben eine leicht abgerundete Spitze und stechen nicht so gut durch den Baumwollstoff wie die Jeans-Nadeln. Zum Maschinenquilten ist die 130N „Top Stitch Needle" geeignet. Die Nadel sollte nach ungefähr achtstündigem Gebrauch gewechselt werden.

Nähgarn

Für Hand- oder Maschinennähen, Applizieren und Handquilten sollten Sie 100%-iges Baumwollgarn oder baumwollüberzogenes Polyestergarn verwenden. Ein reiner Polyesterfaden ist zu dick und beschädigt die Fasern des Baumwollstoffes; es können Löcher im Stoff entstehen. Als Quiltfaden kann jedes gute Quiltgarn benützt werden. Die drei Quiltlagen können mit jedem weißen oder hellen Garn zusammengeheftet werden.

Quiltgarn

- Coats and Clark Dual Duty Garn ist baumwollüberzogenes Polyestermaterial. Es ist dünn und haltbar und wird sowohl für Handarbeit als auch für die Nähmaschine verwendet.

- Mettler stellt ein reines Baumwollgarn her, das mit Silikon überzogen ist. Es ist in vielen Farben erhältlich. Dieses Garn ist stabil und kann zum Zusammennähen, Applizieren und Hand- bzw. Maschinenquilten benützt werden.

- Coats and Clark „Quilting Thread" ist mit Silikon überzogen und zu dick für die kleinen Nadeln Nr. 12. Dieser Faden ist auch sehr stabil und wird zum Handquilten mit längeren Nadeln verwendet. Er ist allerdings nicht für die Nähmaschine geeignet.

- Metallfäden sind zur Zeit sehr beliebt. Zum Handquilten schneiden Sie nur kurze Fäden von ca. 25 cm Länge ab, da sich der Faden leicht auflöst. Wenn Sie es bekommen können, verwenden Sie "Sewer's Aid", um den Faden zu „schmieren". Es näht sich dann leichter.

- Durchsichtiger oder grauer Nylonfaden wird entweder als Nähfaden, in Verbindung mit schmückenden Garnen oder zum Einfassen der Quiltränder verwendet.

ZUBEHÖR UND MATERIAL • 9

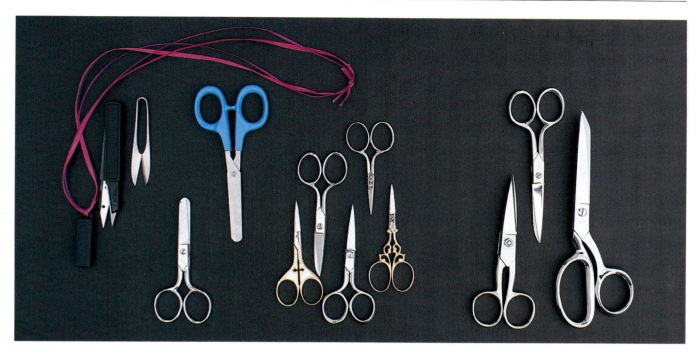

Scheren

Als Grundausstattung zur Quiltherstellung brauchen Sie mindestens drei verschiedene Scheren:

- eine scharfe Schneiderschere, um Stoff zu schneiden
- eine weitere für Papier, Plastik und Füllmaterial
- eine kleine, abgerundete Schere oder einen Fadenclipper für Fädenabschneiden und Ähnliches.

Ich arbeite mit den Scheren von Gingher. Es gibt Sie in den unterschiedlichsten Ausführungen.

Verwenden Sie eine scharfe Schere von guter Qualität ausschließlich, um Papier, Plastik und Füllmaterial zu schneiden. Benützen Sie n i e Ihre Stoffschere für diese Arbeiten. Schärfen Sie Ihre Scheren von Zeit zu Zeit, sie werden dann ein Leben lang halten. Kaufen Sie die besten Scheren, die Sie sich leisten können.

Fingerhut

Zum Handquilten muß ein Fingerhut getragen werden. Obwohl es Ihnen am Anfang komisch vorkommen wird – im Laufe der Zeit werden Sie sich daran gewöhnen. Probieren Sie den Fingerhut an. Er sollte Sie auf dem Mittelfinger Ihrer Nähhand nicht stören. Es gibt die unterschiedlichsten Modelle; probieren Sie alle an, derer Sie habhaft werden können.

- Ein Metallfingerhut mit gut sichtbaren Vertiefungen an den Seiten und am Boden ist das Beste für Handnähen und -quilten. Ein Silberfingerhut hat die besten Vertiefungen und ist sicherlich eine gute Wahl.
- Für Anfänger, die noch nie mit einem Fingerhut gearbeitet haben, schlage ich einen Lederfingerhut vor, z. B. Nimble Timble oder Knit Kits.

TIP
Benützen Sie nach Möglichkeit zwei Fingerhüte, wie auf Seite 78 abgebildet.

Spezielles Zubehör für die Nähmaschine

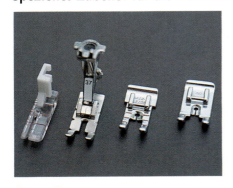

Quilter's Nähmaschinenfuß
Bei den meisten Nähmaschinen kann dieser Spezialfuß angebracht werden. Er hat exakt die Breite der amerikanischen Nahtzugabe ($1/4$ Inch = 0,6 cm), ist aus durchsichtigem Plastikmaterial und erleichtert die Arbeit ungemein. Sowohl Bernina als auch Viking und Pfaff stellen diesen Fuß her.

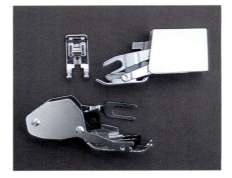

Walking Foot (Oberstofftransport)
Ebenfalls ein Spezialfuß, der überwiegend zum Maschinenquilten verwendet wird. Weitere Einsatzmöglichkeiten sind Annähen der Einfassung und Zusammennähen von diffizilen Stoffmustern.

Geradstich-Stichplatte und Nähfuß
Stichplatte und Nähfuß garantieren exakte Stiche und gerade Nähte.

ZUBEHÖR UND MATERIAL • 11

Quiltrahmen

Ein Quiltrahmen erleichtert das Handquilten erheblich. Er hält die drei Lagen gleichmäßig gespannt und kann entsprechend dem Verlauf der Quiltlinien gedreht und gewendet werden. Quiltrahmen gibt es in verschiedenen Ausführungen, als Standmodelle und als tragbare Rahmen. Der Q-Snap-Rahmen ist ein Satz von PVC-Rohren, über die der geheftete Quilt gespannt wird. Der abgebildete Rahmen hat eine Größe von 70 cm x 110 cm. Quilts jeder Größe werden so Stück für Stück „bearbeitet". Kleinere Q-Snaps ohne Ständer sind praktisch zum Transportieren. Es gibt auch ausgezeichnete Standrahmen aus Holz.

Quiltreifen (runder Quiltrahmen)

Am besten ist ein stabiler Reifen von etwa 35 cm Durchmesser. Ein Ständer kann, muß aber nicht sein. Der Reifen spannt den Abschnitt des Quilts, an dem Sie gerade arbeiten. Sie können Quilts jeder Größe in einen Reifen spannen.

Ob man nun mit der viereckigen oder der runden Version arbeitet, ist eine Sache des persönlichen Geschmacks. Probieren Sie nach Möglichkeit beide Rahmen aus und entscheiden Sie sich für das Modell, mit dem Sie am leichtesten arbeiten können.

Füllmaterial (Volumenvlies)

Die Zwischenlage gibt dem Quilt Fülle und Wärme. Füllmaterial wird als Meterware und in Bögen für die verschiedensten Quiltgrößen verkauft. Zum Handquilten wird meistens ein relativ dünnes (ca. 1 $\frac{1}{4}$ cm) leichtes Material verwendet.

Dieses unsichtbare Element eines Quilts ist ein unglaublich wichtiger Teil des Ganzen. Kaufen Sie eine mit Bindemittel behandelte oder geharzte Fülle, die speziell für Quilts hergestellt wurde. Behandeltes Füllmaterial enthält ein Harz, das die einzelnen Fasern zusammenhält. Nicht nur die Oberfläche des Füllmaterials, sondern die ganze Füllung muß behandelt sein. Von unbehandeltem Füllmaterial können sich kleine Polyesterfasern ablösen und durch das Gewebe auf Vorder- und Rückseite nach außen dringen.

Es gibt viele Marken und Typen von Füllmaterial. Hobbs Poly-down und Fairfield Low Loft sind ausgezeichnet für Quilts, die mit der Hand gequiltet werden sollen. Hobbs stellt auch dunkles Füllmaterial her, das besonders gut für Quilts aus dunklen Stoffen geeignet ist. Die neue Woll-Fülle von Hobbs ist ebenfalls sehr gut zu verarbeiten.

Speziell für Maschinenquilten wird dünnes (0,6 mm) Baumwollmaterial oder ein Baumwoll-Polyester-Gemisch angeboten.

Speziell für Quilts hergestelltes Füllmaterial erhalten Sie eigentlich nur in großen Kaufhäusern und Quiltläden. Volumenvlies (Breite: 90 cm) ist in Handarbeitsgeschäften und Stoffläden erhältlich.

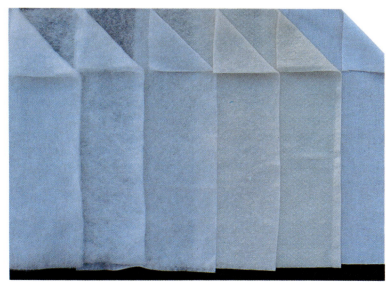

Low Loft™ 100% Polyester | Poly-down® 100% Polyester | Thermore® 100% Polyester | Heirloom® 80% Baumwolle 20% Polyester | Warm & Natural™ 100% Baumwolle | 100% Baumwollflanell

Ermitteln des Stoffverbrauchs

Umrechnungstabelle		
1/16"	=	0,2 cm
3/16"	=	0,5 cm Nahtzugabe Applizieren
1/4"	=	0,75 cm Nahtzugabe Patchwork
1/2"	=	1,5 cm 2x Nahtzugabe
1"	=	2,5 cm
2"	=	5,0 cm
3"	=	7,5 cm
4"	=	10,0 cm
5"	=	12,5 cm
6"	=	15 cm
12"	=	30 cm Blockgröße ohne Nahtzugabe
12 1/2"	=	31,5 cm Blockgröße mit Nahtzugabe
1 yard	= 36"	= 90 cm
1/4 yard	= 9"	= 22,5 cm
1 1/4 yard	= 45"	= 112,5 cm
	42"	= 105 cm = Stoffbreite

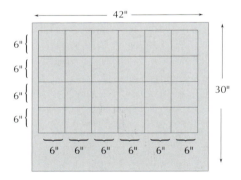

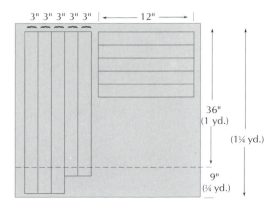

Am Anfang scheint es schwieriger, als es wirklich ist. Nachdem Sie einen oder zwei Quilts genäht haben, entwickeln Sie ein Gefühl für die benötigte Stoffmenge. Damit Sie nicht zuwenig von einem Stoff kaufen – der in den meisten Fällen später auch nicht mehr nachzukaufen ist –, sollten Sie den Verbrauch eher großzügig bemessen. Eventuelle Reste können dann im nächsten Quilt oder in kleineren Projekten „verwertet" werden.

Zur einfachen Ermittlung des Stoffverbrauchs braucht man drei Werte:
- Größe des fertigen Quilts
- Anzahl der verschiedenen Stoffe für die einzelnen Blöcke
- Menge des Stoffes für die Rückseite, z.B. 2 x die Länge, 3 x die Länge

Aus dem Stoffverbrauch für die Rückseite wird die benötigte Stoffmenge für die Vorderseite abgeleitet.
Beispiel:
Der fertige Quilt soll 2 m x 2 m groß sein, für die Rückseite braucht man 2 x die Länge, also 4 Meter Stoff, die Blöcke sollen mit 5 verschiedenen Stoffen gearbeitet werden.
Zu dem Wert für die Rückseite werden 25% oder $1/4$ addiert, um die Nahtzugaben in den Blöcken zu berücksichtigen.
Also: 4 m + 25% (1 m) = 5 m
Für die Vorderseite werden also mindestens 5 Meter von 5 verschiedenen Stoffen gebraucht:
5 m : 5 Stoffe = 1 m

Sie sollten also von jedem Stoff mindestens einen Meter kaufen. Um aber nicht plötzlich ohne Stoff dazustehen, kaufen Sie von den Basisstoffen oder den Lieblingsstoffen eher etwas mehr, etwa 1 $1/2$ m. Von den Stoffen, die sowohl in den Blöcken als auch für Zwischenstreifen und Umrandung verwendet werden, sind 2 $1/2$ m bis 3 m ausreichend, je nach Quiltgröße. Der Rückseitenstoff sollte auch nicht zu knapp gekauft werden; in unserem Beispiel würde ich lieber 4,5 m Stoff einplanen.

Die einfachste Faustregel zur Berechnung der Stoffmenge ist:
- mindestens $1/2$ m pro Stoff und
- mindestens 1 $1/2$ m pro Basis- oder Lieblingsstoff
- etwa 3 bis 3 $1/2$ m für Umrandungs- und Zwischenstreifen

Falls Sie einen sehr großen Quilt planen, sollten Sie mit diesen Werten ein bißchen nach oben gehen, bei einem sehr kleinen Quilt brauchen Sie eher weniger.

Den Stoff für Zwischen- und Randstreifen sollten Sie unter allen Umständen vom Rest der Stoffe getrennt halten. Nur so ist sichergestellt, daß Sie ihn nicht „zwischendurch" verwenden und später tatsächlich genügend große Längen für die Streifen haben.

Der Stoffverbrauch ist von Quilt zu Quilt verschieden. Wenn Sie es ganz genau wissen wollen, zeichnen Sie alles maßstabsgerecht auf Millimeterpapier oder einen karierten Block und errechnen Sie die Werte mit einem Taschenrechner. Nebenstehend ist ein Zuschneideplan für Zwischenstreifen und 6 Inch- (15 cm-) Quadrate gezeichnet.

Ab Seite 14 sind Quiltpläne für einige Quiltstandardgrößen gegeben. Der angegebene Stoffverbrauch geht von sieben unterschiedlichen Stoffen für die Blöcke aus; der Stoffverbrauch für die Rückseite, Zwischen- und Randstreifen ist ebenfalls gelistet.
Wenn Sie nun nicht sieben, sondern sechs oder acht verschiedene Stoffe nehmen wollen, teilen Sie einfach die Gesamtanzahl der Meter in der Tabelle durch die Anzahl der verschiedenen Stoffe und erhalten so die Anzahl der Meter pro Stoff.

Falls Ihnen die ganze Rechnerei suspekt erscheint – halten Sie sich ganz einfach an die Pläne und versuchen Ihre eigene Schätzung beim nächsten Quilt!

Stoffbreite

Da die Breiten bei den einzelnen Herstellern verschieden sind, gehe ich von einer durchschnittlichen Breite von 42 Inch (105 cm) aus. Das ist die ungefähre Breite des Stoffes nach dem Waschen, Trocknen und Bügeln – ohne Webkante gemessen.

Fadenlauf

Die Fäden des Baumwollstoffes sind in zwei Richtungen gewoben; das nennt man Fadenlauf. Pfeile auf jedem Musterteil geben an, in welche Richtung man das Teil legen soll – entlang des Längsfadenlaufs oder des Querfadenlaufs.

Der Längsfadenlauf führt parallel zur Webkante die Stofflänge hinauf und hinunter. Der Stoff dehnt sich längs wenig, wenn überhaupt. Normalerweise wird das Muster eines Stoffes entlang des Längsfadenlaufes gedruckt. Der Querfadenlauf geht über die Breite, von Webkante zu Webkante. Der Stoff dehnt sich ein bißchen in dieser Richtung. Darum wird gemusterter Stoff selten quer gedruckt.

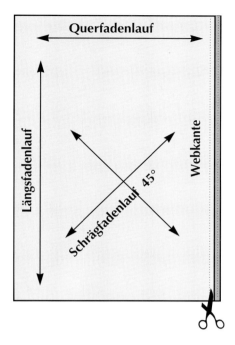

Der Querfadenlauf wird im Verlauf der Näharbeit nachgeben und sich etwas dehnen. Schrägfadenlauf wird jeder Schnitt in einem Winkel zu Längs- oder Querfadenlauf genannt. „Echter" (true) Schrägschnitt ist ein Schnitt über Längs- und Querfäden im 45°-Grad-Winkel. Der Schrägschnitt dehnt sich sehr.

Die lange Seite einer Schablone wird, wenn immer es möglich ist, entlang des Längsfadens gelegt. Der Längs- und Querfadenlauf wird bevorzugt für die Seiten der einzelnen Schablonen verwendet, die die Außenseite des Blockes bilden. Der Längsfaden eignet sich auch dazu, die Dehnung in bestimmten Bereichen einzudämmen, da er den Querfaden und Schrägschnitt stabilisiert. Nach Möglichkeit immer einen Längsschnitt an einen Quer- oder Schrägschnitt nähen – auf diese Weise vermeidet man wellige und sich verziehende Nähte. Eine im Schrägfadenlauf geschnittene Seite sollte nie die Außenseite eines Blockes bilden. Falls es doch einmal versehentlich passieren sollte: Nähen Sie 3 mm von der Schnittkante entfernt kleine Vorderstiche, um das Ganze etwas zu stabilisieren. Keine dieser Regeln ist unter allen Umständen anwendbar, Ausnahmen gibt es immer! Ein ganz besonderes Motiv auf dem Stoff kann es nötig machen, alle Seiten schräg zu schneiden. Seien Sie eben in diesem Fall ganz besonders vorsichtig beim Nähen, weil sich ein Schrägschnitt an der Außenseite wirklich sehr leicht verzieht.

Webkante

Die Webkante bildet die Längsseite des Stoffes. Die Fäden werden beim Weben verdoppelt. Es ist sehr schwierig, mit der Hand durch diesen dicken Stoff zu stechen. Die Webkanten werden deshalb immer vor dem Nähen entfernt. Schneiden Sie die Webkante am besten nach dem Waschen und Bügeln mit dem Rollschneider ab.

Quiltmaße

Bettquilts

Wenn Sie einen bettgroßen Quilt planen, messen Sie zuerst das Bett mit einem Maßband. Vergessen Sie nicht das Kopfkissen und denken Sie daran, daß der Quilt auf jeder Seite etwas überhängt. Um Ihnen die Qual der Wahl etwas zu erleichtern, habe ich ein paar Standardgrößen angegeben. Vergrößern oder verkleinern können Sie diese Maße über die Breite der Zwischen- bzw. Umrandungsstreifen. Passen Sie aber Ihren Stoffverbrauch den veränderten Rahmenbedingungen an.

Maße fertiger Quilts

	Matratzengr.	vor dem Quilten Breite	vor dem Quilten Länge	nach dem Quilten Breite	nach dem Quilten Länge
klein	60 x 120	100	150	93	143
Einzelb.	90 x 190	160	255	152	248
Franz. Bett	150 x 200	207,5	272,5	200	265
Doppelbett	180 x 200	245	272,5	235	262,5

Die Diagramme sind als Vorschlag gedacht, wie Sie Ihr Bett messen sollten. Das gezeichnete Beispiel bezieht sich auf ein Einzelbett. Verändern Sie die Angaben entsprechend Ihrer Bettgröße. Die folgende Gleichung von Matratzenlänge plus Überhang, Kopfkissenhöhe und -länge hilft Ihnen, die gewünschte Größe zu errechnen:

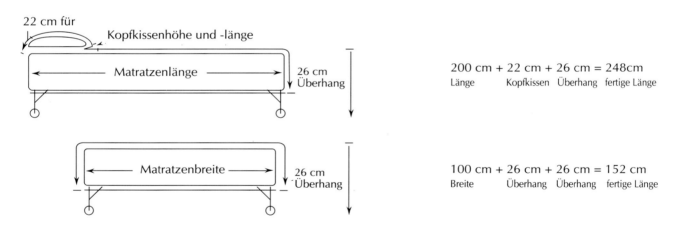

200 cm + 22 cm + 26 cm = 248cm
Länge   Kopfkissen   Überhang   fertige Länge

100 cm + 26 cm + 26 cm = 152 cm
Breite   Überhang   Überhang   fertige Länge

Falls es möglich ist, legen Sie das fertige innere Quilttop auf das Bett. Ermitteln Sie jetzt die Breite, die Sie für die Umrandungsstreifen brauchen. Zeichnen Sie ein Diagramm, wenn der Wert stark von dem ursprünglich berechneten abweicht, und errechnen Sie den neuen Stoffverbrauch. Der Quilt wird vermutlich rundum 5 - 15 cm kleiner werden, je nachdem, wieviel Sie quilten. Um das zu berücksichtigen, habe ich den Stoffverbrauch etwas großzügiger eingeschätzt. Wenn Sie die Quiltdimensionen stark verändern, nehmen Sie lieber etwas mehr, um einen eventuellen Größenverlust aufzufangen.

Musterquilt, entworfen und gefertigt von Shirley Gangemi.

Allgemeine Hinweise

Alle Angaben sind ohne Nahtzugabe. Der angegebene Stoffverbrauch enthält auch die Extra-Zentimeter, die durch das Quilten verlorengehen. Beim Zuschneiden müssen Sie zu allen Maßen eine Nahtzugabe von 0,75 cm oder 1/4 Inch hinzufügen. Alle Maßangaben sind ungefähre Werte.

Die Maße der amerikanischen Bettgrößen wurden nicht immer ganz exakt übernommen, sondern den deutschen Standardgrößen nach Möglichkeit angeglichen. Falls nicht anders vermerkt, sind immer Zentimetermaße angegeben.

Falls Sie die Größe des fertigen Quilts verändern wollen, können Sie die Zwischen- bzw. Randstreifen schmaler oder breiter machen. Vergessen Sie aber nicht, den Stoffverbrauch in diesen Fällen zu überprüfen. Bei dem Quilt für das Französische Bett bzw. für das Doppelbett bleibt von dem Rückseitenstoff etwas übrig. Entweder verwerten Sie ihn in Ihrem nächsten Projekt, oder Sie verwenden den Stoff auch für die Vorderseite des Quilts.

Quilt für ein Einzelbett

Fertige Quiltgröße 152 cm (B) x 248 cm (L)

(Das Kopfkissen und ein 30 cm-Überhang wurden berücksichtigt.) Beim Zuschneiden müssen Sie zu allen Maßen eine Nahtzugabe von 1/4 Inch oder 0,75 cm auf jeder Seite hinzufügen.

Quiltgröße vor dem Quilten 165 cm x 255 cm

Matratzengröße	90/100 cm x 200 cm			
Quilttop ohne Rand	120 cm x 195 cm		Stoffverbrauch	
Blockgröße	30 cm x 30 cm	15 Blöcke	je 0,75 m	
			von 7 Stoffen	5,25 m insgesamt
Zwischenstreifen	7,5 x 30 cm	38 Streifen	1 Stoff	1,5 m
Eckblöcke	7,5 x 7,5 cm	24 Quadrate	1 Stoff	0,5 m
Randstreifen L	20 x 195 cm	2 Streifen	1 Stoff	2 1/4 m
Randstreifen B	30 x 160 cm	2 Streifen	1 Stoff	insgesamt
Rückseitenstoff	180 x 260 cm	2 Längen	1 Stoff	6 m
		105 cm breit		insgesamt
Füllmaterial	180 x 260 cm	1 ganzer Bogen oder		
		6 m eines ca. 112 cm breiten Füllmaterials		

Die Schrägstreifen werden 7 cm breit zugeschnitten. Sie benötigen ca. 1 m Stoff. Die Streifen werden von einem 90 cm Quadrat geschnitten (siehe auch Seite 82). Die Gesamtlänge der Streifen beträgt ca. 11 m.

Gerade zugeschnittene Einfassung: Neun Streifen je einen Meter lang und 7 cm breit werden zugeschnitten und in entsprechender Länge aneinandergenäht. Sie brauchen ebenfalls 1 m Stoff.

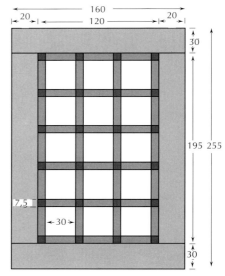

Maße vor dem Quilten

Quilt für ein französisches Bett

Fertige Quiltgröße 200 cm x 265 cm

(Das Kopfkissen und der Überhang wurden berücksichtigt.) Vor dem Zuschneiden müssen Sie eine Nahtzugabe von ¼ Inch oder 0,75 cm auf jeder Seite hinzufügen.

Quiltgröße vor dem Quilten 207,5 cm x 272,5 cm

Matratzengröße	150 x 200 cm	Stoffverbrauch	
Quilttop ohne Rand	157,5 cm x 232,5 cm		
Blockgröße	30 cm x 30 cm	24 Quadrate	je 1 m von 7 Stoffen 7 m insgesamt
Zwischenstreifen	7,5 x 30 cm	58 Streifen 1 Stoff	2 m insgesamt
Eckblöcke	7,5 x 7,5 cm	35 Quadrate 1 Stoff	0,50 m insgesamt
Randstreifen oben (1)	20 x 207,5 cm	1 Streifen	
Randstreifen unten (1)	20 x 207,5 cm	1 Streifen } 1 Stoff	3 m insgesamt
Randstreifen Seiten (2)	25 x 232,5 cm	2 Streifen	
Rückseitenstoff	232,5 x 285 cm	3 Längen 105 cm breit 1 Stoff	9 m insgesamt
Füllmaterial	232,5 x 285 cm	1 ganzer Bogen oder 9 m eines ca. 112 cm breiten Füllmaterials	

Die Schrägstreifen werden 7 cm breit zugeschnitten. Sie benötigen ca. 1 ½ m Stoff. Die Streifen werden von einem 110 cm-Quadrat geschnitten (siehe auch Seite 82). Die Gesamtlänge der Streifen beträgt ca. 14 m.

Gerade zugeschnittene Einfassung: Je 11 Streifen von 1 m Länge und 7 cm Breite werden zugeschnitten und in entsprechender Länge aneinandergenäht. Sie benötigen ca 1 m Stoff.

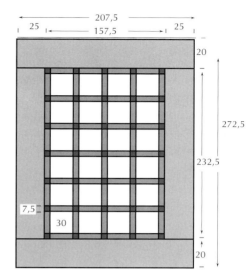

Maße vor dem Quilten

Quilt für ein Doppelbett

Fertige Quiltgröße 235 cm x 262,5 cm

(Das Kopfkissen und der Überhang wurden berücksichtigt.) Beim Zuschneiden müssen Sie zu allen Maßen eine Nahtzugabe von 1/4 Inch oder 0,75 cm addieren.

Quiltgröße vor dem Quilten 245 cm x 272,5 cm

Matratzengröße	180 cm x 200 cm	Stoffverbrauch	
Quilttop ohne Rand	195 cm x 232,5 cm		
Blockgröße	30 cm x 30 cm	30 Quadrate	je 1 ½ m von 7 Stoffen 10 ½ m insgesamt
Zwischenstreifen	7,5 x 30 cm	71 Streifen 1 Stoff	3 m insgesamt
Eckblöcke	7,5 x 7,5 cm	42 Quadrate 1 Stoff	½ m insgesamt
Randstreifen oben (1)	20 x 245 cm	1 Streifen	
Randstreifen unten (1)	20 x 245 cm	1 Streifen } 1 Stoff	3 m insgesamt
Randstreifen Seiten (2)	25 x 232,5 cm	2 Streifen	
Rückseitenstoff	255 x 285 cm	3 Längen 105 cm breit 1 Stoff	9 m insgesamt
Füllmaterial	255 x 285 cm	1 ganzer Bogen oder 9 m eines ca. 112 cm breiten Füllmaterials	

Die Schrägstreifen werden 7 cm breit zugeschnitten. Sie benötigen ca. 1 ½ m Stoff. Die Streifen werden von einem 110 cm Quadrat geschnitten (siehe auch S. 82). Die Gesamtlänge der Streifen beträgt ca. 14m.

Gerade geschnittene Einfassung: Je 12 Streifen von 1 m Länge und 7 cm Breite werden zugeschnitten und in entsprechender Länge aneinandergenäht. Sie benötigen ca. 1 m Stoff.

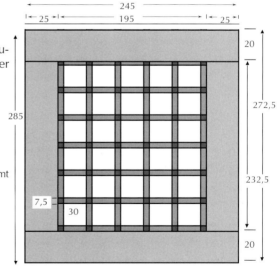

Maße vor dem Quilten

Stoffauswahl

Ein Musterquilt bekommt eine sehr persönliche Note durch die verschiedenen Stoffe. Sie auszusuchen ist eine der schönsten „Pflichten". Für einen beginnenden Quilter kann das jedoch eine sehr schwierige Aufgabe sein. Man ist von dem wirklich beeindruckenden Angebot an Stoffen einfach überwältigt. Wie, um Himmels Willen, findet man überhaupt den allerersten Stoff? Um Ihnen dabei zu helfen, habe ich ein paar Tips und Hinweise bezüglich Farbe, Muster, Struktur und Stil zusammengestellt.

Für den Musterquilt bin ich von sieben verschiedenen Stoffen ausgegangen – eine Zahl, die sich als sehr praktikabel erwiesen hat. Keine Angst, es ist lediglich als Anregung gedacht und nicht als unverrückbare Größe. Sieben Stoffe sind relativ einfach zu finden und der Stoffverbrauch ist gut zu ermitteln. Wenn Sie mehr Stoffe entdecken, die Sie ganz einfach verwenden müssen – dann sind es eben nicht sieben, sondern neun oder mehr! Manchmal braucht man ganz einfach ein Mehr an Farben oder stärkere Kontraste. Einige meiner Studenten haben sehr erfolgreich über zwanzig aufeinander abgestimmte Stoffe verwendet; einer meiner Musterquilts besteht aus über 125 Stoffen.

Wieviele Stoffe man nun verwendet, ist eine Entscheidung des persönlichen Geschmacks. Vergessen Sie aber nicht, den Stoffverbrauch den veränderten Gegebenheiten anzupassen. Gelegentlich entdecken Sie einen unwiderstehlichen Stoff erst, nachdem Sie mit dem Musterquilt angefangen haben. Zögern Sie nicht, bauen Sie ihn in Ihr Farbschema ein!

Wir sind in der glücklichen Lage, unsere Stoffe aus Hunderten von Drucken auswählen zu können. Viele Textildesigner, mich eingeschlossen, entwerfen spezielle Patchwork- und Quiltmuster. (Auf Seite 30 ist ein Teil der Diana Leone Kollektion von Kona Bay abgebildet.) Die meisten Hersteller koordinieren Stoffe nur innerhalb ihrer eigenen Kollektion und haben eigentlich nicht im Sinn, daß sie mit Stoffen anderer Hersteller kombiniert werden können. Meine Kollektion können Sie mit allen Ihren Lieblingsstoffen mixen. Eine Stoffauswahl von verschiedenen Herstellern wird sehr selten exakt den gleichen Farbton treffen. Lassen Sie die Farben ineinander übergehen, wenn sie „nur" ähnlich sind, dann ist das auch in Ordnung. Abgesehen davon: im Laufe der Zeit wird sich Stoff und Farbe sowieso durch Alter, Lichteinstrahlung und Waschen etwas verändern.

In diesen Quilt werden Sie sicher eine Menge Zeit, Mühe und Geld stecken. Der Stoff sollte es wert sein – kaufen Sie die beste Qualität, die Sie finden können. Verwenden Sie nach Möglichkeit nur reinen Baumwollstoff. Gleichmäßig oder glatt gewebter Stoff ist die Basis für die meisten Drucke und Unis. Die Fadenanzahl schwankt zwischen 68 und 88 Fäden pro Quadratinch. Lose gewebter Stoff erhöht die Gefahr des Eingehens und Ausfransens. Leintücher empfehle ich nicht unbedingt, da sie zu dicht gewebt sind. Es ist problematisch, durchzustechen, und sie haben die Tendenz, zu beulen.

Versuchen Sie in Ihrer Stoffauswahl ein bißchen wagemutig zu sein. Sind Sie kreativ, gehen Sie auch einmal neue Farbwege – auf diesem Gebiet gibt es kein „Falsch". Sie sollten Ihr Stoffbündel so toll finden, daß Sie es kaum erwarten können, anzufangen.

Am Ende des Kapitels sind Stoffe und Farben und ihre Variationsmöglichkeiten ausführlich beschrieben. Sie müssen nicht unbedingt die ganze Theorie „durchackern" – Sie können auch ganz einfach ein paar hübsche Stoffe kaufen und a n f a n g e n.

TIP
Damit Sie lange Freude an Ihrem Musterquilt haben, kaufen Sie nur Stoffe von guter Qualität. So ist auch die Verarbeitung einfacher und macht mehr Spaß.

Nur eine kleine Auswahl aus Hunderten im Handel erhältlicher Unis.

Strukturierte Muster mit geringem Farbkontrast können anstelle einfarbiger Stoffe verwendet werden.

Einfarbige oder Uni-Stoffe

Drucke und Unis werden aus dem gleichen Basis-Material hergestellt. Unis gibt es in über 600 verschiedenen Farben, Tönungen, Abtönungen und Schattierungen. Uni-Stoff hat übrigens keine rechte und keine linke Seite.

Gemusterter Stoff

Im weitesten Sinn des Wortes ist ein Muster alles – vom winzigsten Mikropunkt bis hin zu riesigen Rapporten. Muster gibt es in den verschiedensten Designs: als Blumen, Karos, Streifen, geometrische Formen. Gemusterter Stoff ist auf einer Seite bedruckt; das Ergebnis ist eine rechte und eine linke Seite. Die linke Seite kann als hellerer Farbwert der Vorderseite verwendet werden. Karos und Streifen können sowohl gewoben als auch gedruckt sein. Ton-in-Ton-Drucke können Unis ersetzen. Gemusterter Stoff wirkt lebendig.

Farbwert des Stoffes

Als erstes begeistern bei einem Quilt die Farben. Der zweite Blick gilt dem Muster, das durch den Kontrast der verwendeten Farben gebildet wird. Wie man mit Farbwerten, Farben und Mustern umgeht, lernen Sie bei der Arbeit an und mit Ihrem Musterquilt.

Farbwert ist die Beziehung von Hell zu Dunkel. Dieser Wert ist relativ – ein an sich mittlerer Farbton kann, je nach Umgebung, heller oder dunkler wirken. Durch die benachbarten Stoffe kann der Farbwert also manipuliert werden. Ob Sie nun Musterstoffe oder einfarbige kombinieren, Sie sollten in jedem Fall Farbkontraste innerhalb eines Blockes aufbauen.

Helle Farben treten optisch hervor. Verwenden Sie sie in kleinen Mengen als Akzente oder zur Betonung bestimmter Bereiche eines Musters. Heller Stoff ist oft der Hintergrund für Appliziermotive.

Dunkle Farben treten eher zurück. Sie können ebenso als Akzente oder Hintergrund eingesetzt werden. Mittlere Farben erzeugen eine gedämpftere Ausstrahlung. Sechzig Prozent aller Muster und Unis bewegen sich im mittleren Farbwertbereich. Falls Sie überwiegend mit mittleren Farben arbeiten, kann das Design eines Musters leicht verlorengehen. Ergänzen Sie diese Farben mit hellen und dunklen Werten, um das Muster plastischer zu gestalten.

Einfarbige Stoffe wirken durch Farbe und Farbwert, aber Musterstoffe zusätzlich durch ihre Struktur. Wie auch immer Sie nun die verschiedenen Unis und Musterstoffe innerhalb eines Blockes anordnen – es erzeugt einen ganz bestimmten Stil, Stimmung und Aussehen eines Quilts.

Zur Übung: Betrachten Sie Ihre Stoffe einmal aus der Ferne. Unterteilen Sie die Stoffe in einen hellen, einen dunklen und einen mittleren Stapel. Kopieren Sie Schemazeichnungen der einzelnen Muster und kleben Sie entsprechend große Stoffstücke auf die Einzelteile. Das hilft Ihnen, Kontrast und Muster zu entwickeln.

Mit Hilfe des Diagramms auf Seite 22 können Sie ein bißchen üben.

STOFFAUSWAHL • 21

Eine monochromatische Stoffauswahl mit einem Gleichgewicht in Farbwert, Mustergröße und Struktur.

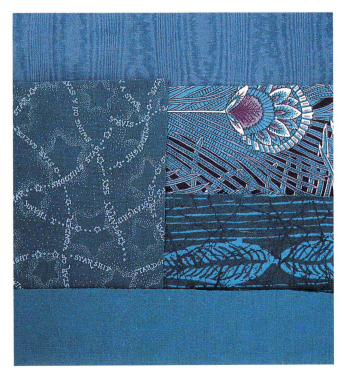

Eine Stoffgruppe mit sehr ähnlichen Farbwerten.

Die gleiche Stoffgruppe sieht wesentlich besser aus, wenn Kontrastfarben hinzugefügt werden. Damit werden Akzente gesetzt und die Farben in den einzelnen Stoffen betont.

22 • Das große Buch vom Quilten

Eine Farbwertskala von Hell zu Dunkel, die achromatische (ungleichfarbige) und polychromatische (mehrfarbige) Stoffe verwendet.

	Hell				Mittel				Dunkel
Graue Skala									
Graue Skala Schneiden und kleben Sie Unis oder Musterstoffe von Weiß bis Schwarz auf die Felder									
Monochromatisch Schneiden und kleben Sie Unis oder Musterstoffe einer Farbe (z.B. nur Blau) auf die Felder									
Polychromatisch Polychromatisch Schneiden und kleben Sie Unis und Musterstoffe vieler unterschiedlicher Farben auf die Felder.									

Kopieren Sie diese Tabelle und üben Sie ein bißchen den Umgang mit Farben. Nehmen Sie die Grau-Skala als Basis und suchen Sie vergleichbare Farbwerte aus Ihrer Stoffsammlung. Schneiden Sie kleine Rechtecke und kleben Sie sie in die Tabelle. Versuchen Sie mit einfarbigen und gemusterten Stoffen zu arbeiten.

Schablone 2.7cm x1.5cm

Musterquilt, entworfen und gearbeitet von Bonnie Minardi.

Muster und Farbe

Um die Farbe eines gemusterten Stoffes zu erkennen, gehen Sie am besten ein paar Schritte zurück und kneifen die Augen zusammen. Welche Farbe ist dominierend? Aus der Nähe betrachtet mag der Stoff überwiegend blaßblau erscheinen, mit winzigen rosa Blumen als Akzent. Aus der Entfernung betrachtet ist er jedoch eher sanft lavendelfarben oder hellblau. Nehmen Sie ein Muster als Farbführer bei der weiteren Stoffauswahl. Oft achtet man bei einem Musterstoff mehr auf die einzelnen Farben und nicht auf den farblichen Gesamteindruck. Es ist aber einfacher, von einer „Gesamtfarbe" auszugehen und die zu dieser Farbe harmonierende Stoffe zu suchen. Schwierig wird es, wenn Sie die einzelnen Farben exakt treffen wollen. Durch andere „Nachbarstoffe" können Sie die Farben manipulieren und miteinander verbinden, bis Sie das für Sie optimale Ergebnis erhalten. Lesen Sie dazu auch das Kapitel über die „Farbbrücke" auf Seite 34.

Vielleicht verlieben Sie sich in einen ganz bestimmten Stoff, der aber nicht alle Ihre Farben enthält. Der gewünschte Effekt kann aber trotzdem erzielt werden! Betrachten Sie zuerst den Stoff und dann den Farbkreis.

Die folgenden drei Farbharmonien werden von Stoffdesignern sehr oft verwendet. Einer dieser Farbakkorde wird mit dem Basisstoff sicher eine überzeugende Einheit bilden. Bestimmen Sie die dominierende Farbe Ihres Stoffes und suchen Sie diese Farbe im Farbkreis.

Überlegen Sie, ob die weiteren Farben im analogen, im direkt komplementären oder im indirekt komplementären Bereich liegen sollen. Suchen Sie nun die entsprechenden Farbharmonien heraus und verwenden Sie sie als weitere Hilfe innerhalb der Stoffauswahl.

Analoge Farben

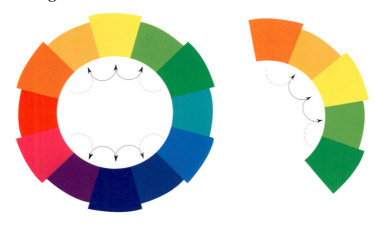

Analoge Farben

Analoge Farben liegen im Farbkreis nebeneinander. Diese „Nachbarn" bestehen aus einer primären oder sekundären Farbe. Analoge Farben sind immer angenehm für das Auge, leicht zu verarbeiten und erzeugen einen harmonischen Effekt. Analoge Farben sind entweder kalt oder warm, nie eine Kombination aus beidem. Fügen Sie den drei nebeneinanderliegenden Analogfarben an jeder Seite die nächste Farbe hinzu, um zusätzliche Kombinationsmöglichkeiten zu haben.

„Land of the Free – Home of the Brave" („Land der Freien – Heimat der Mutigen"). 30 Blöcke aus 300 einfarbigen Stoffen formen einen ebenso plastischen wie ausdrucksvollen Musterquilt. Handgenäht von Diana Leone, handgequiltet von Cathy Risso.

Direkte Komplementärfarben

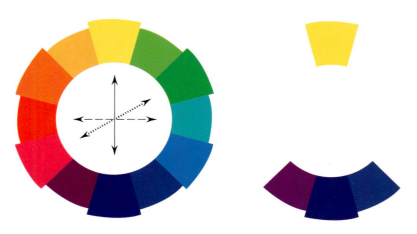

Sie liegen im Farbkreis einander direkt gegenüber. Diese Farben ergänzen sich und begeistern das Auge. Komplementärfarben enthalten immer eine Kombination von warmen und kalten Farben. Um ein aufregendes und sehr lebendiges Farbschema zu erreichen, verwenden Sie das direkte Gegenüber und die beiden benachbarten Farben.

Indirekte Komplementärfarben

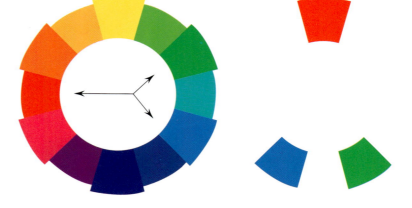

Hier handelt es sich um einen harmonischen Gleichklang zwischen einer Farbe und zwei weiteren, die im Farbkreis neben deren direktem Gegenüber liegen. Diese Kombination enthält warme und kalte Farben. Wenn Sie nun noch die benachbarten Farben hinzunehmen, wird das angenehme Bild analoger Farben zusätzlich erreicht.

Indirekte Komplementärfarben werden oft in Vielfarbendrucken verwendet. Sie erzeugen unglaubliche Effekte und integrieren eine große Bandbreite harmonisierender Farben.

„Vermächtnis der Amish", genäht und gequiltet von Virginia Schnalle. Beachten Sie bitte die gelblichen Akzente, die das Auge über den Quilt führen.

Stil und Stimmung

Beim Betrachten alter Quilts fällt auf, wie sehr die Drucke den Stil prägen. Bei Quilts im traditionellen Stil wird eine Vielzahl von kleinen Mustern und gedämpften Farben mit geringem Farbwertkontrast verwendet. Am Anfang unseres Jahrhunderts wurden Karos, Streifen und Motivdrucke miteinander kombiniert. Sanfte Pastelltöne und Motivdrucke bestimmen das Erscheinungsbild der dreißiger Jahre. Quilts im Stil der Amish verwenden kräftige, satte, dunkle Farben und ausschließlich einfarbige Stoffe.

Der zeitgenössische Stil ist gekennzeichnet durch große, abstrakte Drucke und kühne Farben mit kontrastreichen Farbwerten. Zeitgenössisch ist alles, was im Moment populär ist. In den neunziger Jahren sind das eben klare Farben, große Blumenmuster, abstrakte Drucke und starke Kontraste. Erlaubt ist, was gefällt!

Einfarbige Stoffe wurden und werden immer wieder verwendet. Man kann entweder einen Quilt ganz aus Unis nähen oder die Kombination mit gemusterten Stoffen bevorzugen. Die Stilrichtung wird durch die Musterstoffe bestimmt.

Stimmung ist das Gefühl, das Sie übermitteln wollen. Farben erzeugen Stimmung. Pastelltöne erscheinen sanft und erfrischend. Rote und gelbe Farbtöne sind warm und lebendig. Blaue und grüne dagegen kühl und ruhig.

Mit satten Erdfarben und kleingemusterten Drucken arbeiten Sie im Stil der Jahrhundertwende.

Die gleichen Stoffe wirken fast orientalisch, wenn sie mit einem großen Blumendruck kombiniert werden.

Ein Musterquilt im Stil der Amish, 1989. Entworfen von Diana Leone. Genäht und handgequiltet von Doris Olds. Kleine grüne „Schnipsel" lassen das Auge über den Quilt wandern.

„Räder". Das Muster dieses Patchworkblockes wird durch starke Farbkontraste innerhalb der Stoffe und verschieden große Musterrapporte betont.

Struktur von Musterdrucken

Die Struktur eines Musterstoffes wird durch den Kontrast zwischen Musterdruck und einfarbigem Hintergrund gebildet. Ein weißer Druck auf einem hellblauen Hintergrund hat weniger Wirkung (=Farbkontrast) als ein hellblauer Druck auf einem dunkelblauen Hintergrund.

Eine Zusammenstellung von kleinen, mittleren und großen Mustern mit unterschiedlichen Rapporten, Farbwerten und/oder Farben wirkt sehr viel interessanter als drei Muster der gleichen Größe mit ähnlichen Rapporten und Farben.

Stoffe mit einem Musterrapport zwischen 3 Inches (7,5 cm) und 4 Inches (9,5 cm) – oder mehr – und starken Kontrasten innerhalb des Musters geben Ihrem Quilt das gewisse Etwas. Er hat eine ganz besondere Ausstrahlung, ein Funkeln, das ohne diese Stoffe nur sehr schwer zu erreichen ist. Ich verwende besonders gerne große Blumenmuster, Motivdrucke, Drucke mit geometrischen Formen, Streifen oder Paisleymuster. Sie geben dem Quilt räumliche Dimension, Bewegung und Offenheit. Große Muster können wie „zufällig" verwendet werden, oder aber mit sorgfältiger Planung. Um die Aussage des Blockes zu erhalten, sollte in Verbindung mit einem großen Muster ein stark kontrastierender Hintergrundstoff gewählt werden. Bei wenig Kontrast kann der großgemusterte Stoff im Hintergrund verlorengehen. Diese Stoffe sind eine echte Herausforderung – versuchen Sie es einmal.

Kleine Muster – wenig Kontraste.

Mittelgroße Muster – starke Kontraste.

Motivdrucke mit starken Farbkontrasten.

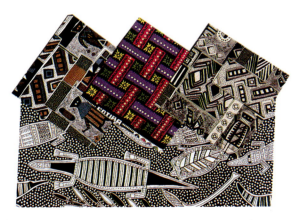

Starke Farbkontraste – strukturierte Drucke.

Zeitgenössischer "Log Cabin Quilt" („Blockhütten-Quilt"), genäht und handgequiltet von Sondra Rudey.

Aloha, Mahalo, 1990 von Diana Leone. Ein Vierer-Raster, am Computer entworfen. Über 200 verschiedene hawaiianische Drucke sind in diesem Quilt „verwoben". Das Thema ist ein Dankeschön an Hawaii; ein Danke für all die Erinnerungen, die Liebe und die Freundschaft, die mich mit den Inseln verbindet. Die applizierten Partien sind mit der Hand genäht. Ich benutzte große Drucke als Appliziermotive und verwendete als Appliziertechnik entweder die sog. Persische Stickerei oder die Nadelroll-Technik.

„Hurt no Living Thing" („Verletze kein Lebewesen"). 1991 genäht und gequiltet von Kathy Galos.

Ein paar Grundregeln zur Stoffwahl

1. Wählen Sie die Farbbrücke aus – den einen Stoff, der alle (oder fast alle) Farben enthält, die Sie in Ihrem Quilt verwenden wollen. Dieser Stoff ist der Schlüssel zu einer gelungenen Farb- und Stoffkombination.
2. Dazu suchen Sie nun jede Menge harmonierender heller, mittlerer und dunkler Stoffe als Muster und als Unis.
3. Aus diesem Stapel wiederum wählen Sie kleine, mittlere und großformatige Musterdrucke.
4. Verwenden Sie nun entweder nur die Musterstoffe oder nur die einfarbigen – oder jede x-beliebige Kombination aus beiden.

Die „Farbbrücke"

Wählen Sie einen gemusterten Stoff aus, der Ihnen ausgesprochen gut gefällt. Er enthält vielleicht nur die hellen und dunklen Farbtöne einer Farbfamilie (monochromatischer Aufbau) oder aber alle die Farben, die Sie mögen und koordinieren wollen. Verwenden Sie diesen Stoff nun als eine Art Brücke zu den nächsten Stoffen und Farben.

Ein Beispiel: Sie haben einen blauen Druck gefunden, in dem auch Lavendel und ein Hauch von Gelb und Grün vertreten sind. Betonen wollen Sie die blauen und lila Farbtöne dieses Stoffes. Der Quilt ist für einen Raum bestimmt, in den diese Farben einfach optimal passen. Suchen Sie nun nach Stoffen, die den Basisstoff ergänzen und unterstützen. Durch Arrangieren und Re-Arrangieren der einzelnen Stoffe erreichen Sie eine Kombination, die Ihren Vorstellungen genau entspricht.

Ihr Basisstoff, die Farbbrücke, wird wahrscheinlich von drei oder vier Farben dominiert. Vermutlich werden Sie versuchen, eine dieser Farben exakt zu treffen. Besser ist es jedoch, wenn Sie ein paar Schritte zurücktreten und den Stoff als Ganzes auf sich wirken lassen. Was sehen Sie wirklich? Sehen Sie ein Gemisch von Farben? Sehen Sie eine Farbe mehr als die andere? Sehen Sie die eine Farbe, die Sie ganz besonders betonen und hervorheben wollen?

Bei den Stoffen, die Sie jetzt auswählen, kommt es auf Kontraste in den Farbwerten (helle und dunkle „Ausgaben" der gleichen Farbe) und auf eine gute Mischung der Mustergrößen an. Der Gesamteindruck einer Harmonie zum Basisstoff ist wichtiger als die exakte Übereinstimmung von zwei Farben. Genau gleiche Farben verschwimmen leicht im Musterstoff und gehen verloren. Das Muster eines Patchworkblockes wird aber durch Kontraste in Farbwerten und Farben betont und hervorgehoben.

Der letzte Stoff, den Sie aussuchen, sollte Akzente setzen. Er kann völlig gegensätzlich, ein kräftiger Farbton, ein sehr heller oder ein sehr dunkler Stoff sein. Dieser Akzentstoff wird sehr sparsam eingesetzt. Gelegentlich stellt sich an dieser Stelle heraus, daß man den Ursprungsstoff gar nicht mehr braucht! Auch das passiert – die Farbbrücke wird nur als Hilfsmittel zur Stoffauswahl verwendet. Wenn Sie Ihr Stoffbündel wirklich begeistert, dann können Sie mit Ihrem Quilt beginnen.

Vorbereiten des Stoffes

Jeder Stoff sollte vor seiner Verwendung gewaschen werden. Schneiden Sie die Webkanten und an jeder Ecke ein kleines Dreieck ab. Dieses abgeschnittene Dreieck verhindert das Ausfransen weitgehend. Beim Waschen läuft der Stoff etwas ein, überschüssige Farbe und „Chemie" werden entfernt. Es reicht, wenn der Stoff in einem Kurzwaschprogramm behandelt und anschließend getrocknet wird. Das Waschpulver sollte keine Phosphate und Bleichmittel enthalten.

Stoff-Farben

Die Quiltindustrie verwendet eigentlich nur Stoffe, die sich gut färben und bedrucken lassen. Sie verändern sich im Laufe der Zeit nur wenig. Wegen der amerikanischen Umweltgesetze können in den dortigen Fabriken keine extrem starken Farbfixierer verwendet werden. Der Grund ist die Gefahr einer Verseuchung der Wasserwege. Amerikanische Stoffe können deshalb etwas verblassen und mehr Farbe absondern als europäische oder asiatische.

Test auf Farbechtheit

Speziell dunkle oder starkfarbige Stoffe sollten auf Farbechtheit geprüft werden. Überflüssiges Färbemittel wird dann durch nochmaliges Waschen entfernt. Wenn Sie im Zweifel sind, rubbeln Sie den Stoff an einem weißen Stoff. Wenn Farbspuren zu erkennen sind, gehen Sie folgendermaßen vor:

1. Weichen Sie den Stoff in einer Lösung aus 5 l heißem Wasser, $\frac{1}{2}$ Liter Essig und 0,125 ml Borax wenigstens zwei Stunden ein.
2. Spülen Sie dann mit kaltem Wasser, bis das Wasser klar ist.

Manche Stoffe „bluten" sehr stark aus. Wenn das Spülwasser nach drei oder vier Durchgängen immer noch nicht klar ist, sollten Sie diesen Stoff nicht in einem Quilt verwenden. Möglicherweise wirkt der Stoff wie von feinen Sprüngen überzogen. In diesem Fall wurde er nach dem Färben nicht ordnungsgemäß weiterbehandelt und wird vermutlich immer etwas ausfärben.

Verfärben von Stoffen

In den USA gefärbte und bedruckte Stoffe bleichen u.U. aus, wenn Sie direkter Sonneneinstrahlung oder grellem Lampenlicht ausgesetzt sind. Dunkle Stoffe, speziell Dunkelblau, Dunkelrot und Brauntöne, sind besonders gefährdet.

Ich hatte einmal einen Bettquilt, der überwiegend aus dunkelblauen, dunkelgrünen und burgunderroten Stoffen bestand. Die Seite, auf die das Sonnenlicht vom Nordfenster fiel, bleiche sehr stark aus. Das Muster der Patchworkblöcke war teilweise nicht mehr zu erkennen. Leider gibt es kein Wundermittel, um diesen Prozeß zu stoppen. Vorbeugend kann man eigentlich nur sehr dunkle Stoffe vermeiden oder man akzeptiert es als eine Art „Patina", die durch den Alterungsprozeß einfach auftritt.

TIPS

Falls Sie die Stoffe in den Trockner geben, wählen Sie eine niedrige Temperaturstufe. Hohe Trocknertemperaturen zementieren Falten geradezu. Ein Badetuch beschleunigt den ganzen Vorgang, weil es einen Gutteil der Feuchtigkeit aufsaugt und gleichzeitig als eine Art Puffer wirkt. Die Stoffe kleben dann nicht so aneinander.

Nehmen Sie den Stoff aus dem Trockner, bevor er ganz trocken ist. Glätten Sie ihn mit der Hand und bügeln Sie ihn noch feucht.

Um den Stoff faltenfrei zu halten, hängen Sie ihn an einem Hosenspanner am Längsfadenlauf auf.

Sprühen Sie den Stoff vor dem Zuschneiden mit etwas Sprühstärke ein. Durch die größere Stabilität ist er leichter zu schneiden. Probieren Sie es einmal!

Fangen wir an!

Eigentlich ist es ganz einfach: Die Einzelteile eines Patchworkmusters werden auf dem Stoff markiert, zugeschnitten und dann zusammengenäht. Die fertigen Blöcke werden zum Quilttop zusammengenäht. Danach werden die Randstreifen angesetzt. Genäht wird mit der Hand, mit der Maschine oder einer Kombination aus beiden Methoden.

Für diese Arbeitsschritte gibt es unterschiedliche Techniken: traditionelle und neue.

- Akkurates Fertigen von Schablonen aus Plastikmaterial und Pappe
- Markieren und Zuschneiden des Stoffes mit Schere oder Rollschneider (erfordert ein bißchen Übung)
- Aufstecken der Einzelteile auf Flanell, um das Muster vor Augen zu haben und die Arbeit transportabel zu machen
- Zusammenstecken der Einzelteile nach der Punkt-zu-Punkt-Methode mit dünnen Stecknadeln, damit Sie optimale Resultate erhalten.

Der nächste große Abschnitt erklärt das Zusammennähen der Einzelteile. Es wird sowohl Hand- als auch Maschinennähen beschrieben. Dazu wird ein mittelgrauer oder beiger Baumwollfaden verwendet. Maschinennähte sollten nach einer Seite gebügelt werden (zu dem dunkleren Stoff hin). Die Nähte sind so am stabilsten. Um den „Buckel" bei vielen sich kreuzenden Nähten zu entschärfen, kann man sie auch offen bügeln. Handgenähte Säume werden in der Regel nach einer Seite gebügelt. Die Bereiche eines Blockes ohne Nahtzugabe quilten sich auch entschieden leichter.

Auswahl des Patchworkmusters

In diesem Buch sind 36 verschiedene Muster beschrieben. Die Einzelteile dieser Muster sind in tatsächlicher Größe gezeichnet und können abgepaust werden. Mit welchem Muster Sie nun anfangen, hängt etwas von Ihrer Näherfahrung ab. Jedes Muster ist mit seinem Schwierigkeitsgrad gekennzeichnet:

🧵 sehr leicht 🧵🧵 leicht 🧵🧵🧵 mittel 🧵🧵🧵🧵 schwieriger.

Für jeden Block brauchen Sie Schablonen. Sie markieren den Stoff auf der linken Seite, schneiden die Einzelteile zu und nähen Sie per Hand oder Maschine zusammen. Die kleinsten Teile werden zuerst zusammengenäht. Das Ergebnis nennt man Einheit. Diese Einheiten werden dann zu Reihen zusammengenäht; die Reihen zu einem Block. Jeder Block ist ein Quadrat von 12 Inches = ca. 30 cm Seitenlänge (ohne Nahtzugabe) oder 12$^1/_2$ Inches = ca. 31,5 cm mit Nahtzugabe.

Appliziermotive werden von Hand auf die rechte Seite des Hintergrundstoffes genäht. Das Design wird zuerst auf der rechten Seite des Hintergrundstoffes vorgezeichnet. Die einzelnen Teile des Applizimusters werden markiert und zugeschnitten. Sie werden dann anhand der gezeichneten Designlinien auf dem Hintergrundstoff aufgesteckt und geheftet. Festgenäht werden sie mit möglichst kleinen Saum- oder Blindstichen.

Fertigen der Schablonen

Schablonen werden aus dünnen, stabilen Plastikbögen ausgeschnitten. Sie sind Hilfsmittel, um die Musterteile auf den Stoff aufzuzeichnen. Dünne Pappe kann ebenso verwendet werden. Bei häufigem Gebrauch werden die Ecken jedoch unscharf. Sie können dann nicht mehr so akkurat markieren und nähen. Plastikschablonen sind sehr genau, halten lange und können immer wieder verwendet werden. Für alle Schablonen dieses Buches brauchen Sie etwa sechs Bogen Schablonenmaterial. Die Plastikbögen gibt es ohne Aufdruck oder sie sind in Zentimeter-Quadrate unterteilt. Schablonen können in zwei Größen gemacht werden.

Patchwork Block

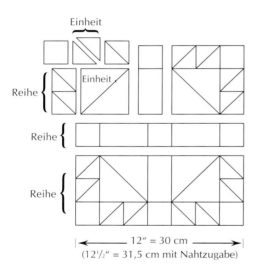

12" = 30 cm
(12$^1/_2$" = 31,5 cm mit Nahtzugabe)

Appliziermotiv

Methode I: Die Schablone ist exakt so groß wie das gekennzeichnete Musterteil, also ohne Nahtzugabe.

Methode II: Zum Musterteil werden rundherum ¼ Inch (0,75 cm) Nahtzugabe addiert und die Schablone wird in dieser Größe gezeichnet. Ich persönlich brauche eine gezeichnete Linie zum Schneiden und eine zum Nähen. Deswegen benütze ich Methode II und markiere sowohl die Schneide-, als auch die Nählinie.

Akkurates Nähen erfordert präzise geschnittene Schablonen. Ein wasserfester Filzstift und eine scharfe Schere sind dazu erforderlich.

Jedes unterschiedliche Teil eines Musters erfordert eine Schablone. Bei jedem Muster ist angegeben, wieviele unterschiedliche Schablonen Sie brauchen. Verschiedene Muster haben oft identische Schablonen. Um nicht eine weitere Schablone der gleichen Größe zu schneiden, kennzeichnen Sie die Schablonen hinsichtlich ihrer Verwendbarkeit in anderen Blöcken. Vergessen Sie nicht Informationen wie Mustername, wie oft zuzuschneiden usw. mit einem Etikett auf der Schablone zu vermerken.

Bewahren Sie die Schablonen für die einzelnen Muster in getrennten Umschlägen auf. Auf den Umschlag schreiben Sie den Namen des Blockes und zeichnen ein kleines Bild des Musters.

Einige Schablonen werden auch seitenverkehrt benutzt. Diese Teile sind im Musterteil mit einem „R" (Revers) hervorgehoben. Damit Sie diese Schablonen auch richtig auf den Stoff legen, kennzeichnen Sie sie besonders deutlich.

Mein Vorschlag ist, daß Sie einen Block mit Methode I nähen und einen mit Methode II. Arbeiten Sie dann mit der Methode weiter, die Ihnen am besten liegt. Selbstverständlich können Sie beide Methoden in einem Projekt verwenden. Für runde Formen sollten Sie jedoch besser Schablonen mit Nahtzugabe (Methode II) verwenden.

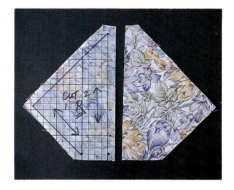

Seitenverkehrte Schablonen

Methode I: Schablonen ohne Nahtzugabe

Immer, wenn Sie eine gezeichnete Nählinie brauchen, verwenden Sie diese Methode. Sie ist sowohl für Hand- und Maschinennähen als auch zum Handapplizieren geeignet. Legen Sie die Patchworkschablone auf die linke Seite des Stoffes, das Appliziermotiv auf die rechte. Zeichnen Sie um die Schablone herum. Die Nahtzugabe von 1/4 Inch (0,75 cm – oder 0,5 cm beim Applizieren) wird beim Zuschneiden hinzugefügt.

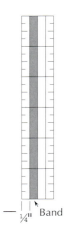

Die Schneidelinie wird 1/4 Inch (0,75 cm) vom Schablonenrand mit einem Lineal gezeichnet oder beim Zuschneiden geschätzt.

Ein durchsichtiges Lineal wird zum Markieren der Nahtzugabe verwendet. Kleben Sie ein Kreppband 1/4 Inch (0,75 cm) vom Linealrand entfernt auf das Lineal, wie im Bild gezeigt. Verwenden Sie für alle Markierungsarbeiten **immer** dieses Lineal.

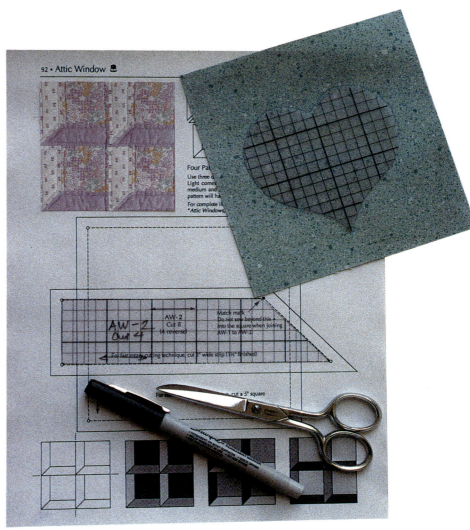

Suchen Sie sich einen Block aus. „Attic Window" (Dachfenster) auf Seite 92 ist leicht nachzuarbeiten.

Die Schablone hat genau die Größe des Musterteils.

Legen Sie das Schablonenmaterial über das Muster.

Legen Sie ein durchsichtiges Lineal dicht neben die innere Linie (Nählinie) des Musterteils.

Pausen Sie diese Linie nun mit einem dünnen Filzstift oder scharf gespitztem Bleistift.

Kennzeichnen Sie den Fadenlauf und die Eckpunkte, wie auf dem Original vorgegeben.

Schneiden Sie nun mit einer scharfen Schere sorgfältig auf der gezeichneten Linie.

Um die Genauigkeit zu überprüfen, legen Sie Ihre Schablone auf das Original im Buch. Korrigieren Sie etwaige Ungenauigkeiten. Wenn Ihre Schablone kleiner ist, schneiden Sie bitte eine neue.

Stimmt Ihre Schablone genau, können Sie sie jetzt auf den Stoff übertragen, die Nahtzugabe addieren und ihn zuschneiden.

Methode II: Punkt-zu-Punkt
Schablonen mit ¹/₄ Inch (0,75 cm) Nahtzugabe

Diese Technik wird ebenfalls für Hand- und Maschinennähen verwendet. Die Nahtzugabe von ¹/₄ Inch (0,75 cm) ist in der Schablone enthalten. Eckpunkte, Kreuzungspunkte von Nählinien oder die Stellen, wo mehrere Nählinien zusammenlaufen, sind mit einem Punkt markiert. Sie können aufeinandertreffende Nählinien deshalb punktgenau zusammenstecken und -nähen. Diese Technik wird deswegen auch Punkt-zu-Punkt-Methode genannt. Diese Punkte sind der Schlüssel zu exaktem Nähen.

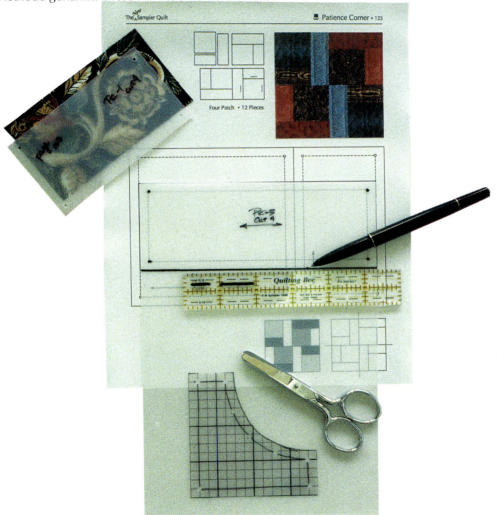

Suchen Sie sich einen Block aus. „Patience Corner" (Geduldsspiel) auf Seite 123 ist leicht nachzuarbeiten.

Legen Sie das Schablonenmaterial über das Muster. Legen Sie das Lineal so dicht wie möglich an die äußere Linie (Schneidelinie) des Musterteils. Mit einem dünnen Filzstift oder einem scharf gespitzten Bleistift pausen Sie diese Linie. Zeichnen Sie direkt an der Kante des Lineals, um das Muster so genau wie möglich zu übertragen.

Übernehmen Sie alle Punkte und andere Angaben, wie z.B. Fadenlauf, vom Original.

Mit einer scharfen Schere schneiden Sie sorgfältig auf der gezeichneten Linie.

An jedem markierten Punkt stechen Sie mit einer Stopfnadel ein kleines Loch in das Plastikmaterial.

Um die Genauigkeit zu überprüfen, legen Sie Ihre Schablone auf das Original und korrigieren etwaige Ungenauigkeiten. Falls Ihre Schablone kleiner ist als das Original oder die Punkte nicht übereinstimmen – machen Sie lieber eine neue. Stimmt die Schablone, können Sie sie auf den Stoff übertragen und ihn zuschneiden.

Markieren des Stoffes

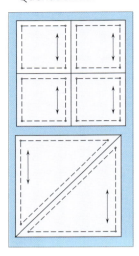

Querfadenlauf / Längsfadenlauf

Benützen Sie dazu am besten ein mit Sandpapier beklebtes Brett. Während Sie markieren, hält das Sandpapier den Stoff rutschfest. Die Webkante des Stoffes sollte abgeschnitten und der Stoff gewaschen und faltenfrei gebügelt sein. Im Kapitel „Vorbereiten des Stoffes" ist alles beschrieben. Legen Sie den Stoff nun auf das oben erwähnte Sandpapier oder eine andere rutschfeste Unterlage. Zum Patchworken liegt die rechte Seite des Stoffes unten, zum Applizieren liegt die rechte Seite des Stoffes oben.

Versuchen Sie die längste Seite der Schablone immer am Längsfadenlauf auszurichten. Wenn zwei oder mehr gleiche Teile zugeschnitten werden sollen, ordnen Sie die Teile so auf dem Stoff an, daß Sie gemeinsame Schneidelinien erhalten. Für seitenverkehrte Musterteile benutzen Sie am besten einen andersfarbigen Stift. Wenn Sie von einem Stoff Teile verschiedener Muster zuschneiden, sollten Sie ebenfalls unterschiedliche Farben verwenden.

Bei manchen Stoffmustern ist es nicht immer möglich, einen Schrägschnitt an der Außenkante zu vermeiden. Ich denke da besonders an Motivdrucke oder Drucke mit Mustern in eine Richtung. In diesem Fall nähen Sie kleine Vorderstiche von Hand ca. 3 mm vom Rand entfernt. Diese Stiche geben dem Ganzen etwas mehr Halt. Arbeiten Sie aber trotzdem sehr vorsichtig, um den Stoff nicht unnötig zu dehnen.

Legen Sie die Schablone parallel zum Fadenlauf auf den Stoff. (Die Linien für den Fadenlauf sind auf der Schablone vermerkt.)

Zeichnen Sie nun mit einem gut gespitzten Stift um die Schablone herum, und zwar so dicht wie möglich am Schablonenrand. Benutzen Sie eine Farbe, die man auf dem Stoff gut sieht. Markieren Sie alle Punkte der Schablone auf dem Stoff.

Damit die Stiftspitze den Stoff nicht beschädigt, halten Sie den Stift am besten in einem leichten Winkel zum Stoff.

Sie legen nun ein durchsichtiges Plastiklineal an die gekennzeichneten Punkte und verbinden diese Punkte mit einer Linie. Diese Linie ist die Nählinie. Für Methode I müssen Sie jetzt noch die Nahtzugabe addieren. Sie legen das vorbereitete Lineal (siehe Seite 38) auf die Nählinie und zeichnen in $1/4$ Inch (0,75 cm) Abstand die Schneidelinie. Mit etwas Praxis können Sie diese Linie bald auch ohne Lineal zeichnen.

Stoffschneiden mit der Schere

Ihre Stoffschere ist Ihr wichtigstes Werkzeug. Sie muß sehr scharf sein und gut in der Hand liegen. Probieren Sie verschiedene „Modelle", bevor Sie sich für eine entscheiden. Reißen Sie den Stoff nicht, sonder schneiden Sie ihn bitte. Wenn Sie den Stoff reißen, sind ausgefranste Kanten und gezogene Fäden das Resultat. Sie verschwenden Stoff, und die Nahtzugabe ist auch nicht besonders stabil.

Scheren heben den Stoff beim Schneiden leicht an. Das Ergebnis können verwackelte, ungenaue Schnitte sein. Deshalb ist es besser, den Stoff mit einer Hand zu halten und mit der anderen die Schere zu führen. Schneiden Sie sorgfältig und vorsichtig auf der gezeichneten Schneidelinie. Wenn ein Teil nicht so toll aussieht – machen Sie lieber ein neues!

Rollschneider, Schneidelineal und Schneidematte

Rollschneider, Schneidelineal und Schneidematte sind arbeitserleichternde Werkzeuge für Quilter. Eine oder mehrere Stofflagen können schnell und präzise geschnitten werden. Für Anfänger birgt diese Schneidemethode gewisse Risiken. Ich finde es wichtig, zuerst die traditionellen Methoden zu lernen. Mit etwas mehr Erfahrung können Sie Rollschneider & Co. besser anwenden; jetzt wissen Sie ja, worauf es beim Schneiden und Nähen ankommt! Sie sind die Investition sicher wert – Sie sparen jede Menge Zeit und schneiden die Musterteile sehr exakt.

Der ideale Arbeitsplatz: Ein Zuschneidetisch, um den man herumgehen kann.

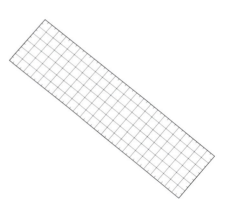

Der Rollschneider ist ein mit einem Griff verbundenes scharfes Schneiderad. Dieses Rad wird am Schneidelineal entlang auf der Schneideunterlage über den Stoff gerollt. Ein akkurater Schnitt ist das Ergebnis. Eine Schneidematte ist unbedingt nötig. Die extrem scharfe Klinge des Rollschneiders beschädigt jede andere Oberfläche, und die Klingen werden sehr bald stumpf. Schneidelineale sind dicke, unbiegsame Plastiklineale. Versuchen Sie eines in der Größe 15 cm x 60 cm zu bekommen. Metallkanten am Lineal beschädigen den Rollschneider. Verwenden Sie den Rollschneider, um die Webkante abzuschneiden, für Zwischen- und für Randstreifen.

Mit dem großen Rollschneider können Sie bis zu sechs Stofflagen schneiden. Viele kleine Teile können mit dem Rollschneider und einem speziellen, rechteckigen Lineal sehr schnell und genau geschnitten werden. Mit etwas Übung können Sie mit dem Rollschneider unterschiedliche geometrische Formen zuschneiden. Zu diesem Zweck gibt es Spezial-Lineale mit einer Grad-Einteilung, z.B. 45°, 60° und 90°. Eine gute Ergänzung Ihres Handwerkszeuges sind quadratische Lineale von 6 bzw. 12 Inches (15 cm bzw. 30 cm) Seitenlänge. Sie haben ebenfalls eine Grad-Einteilung. Man benutzt sie auch, um die Genauigkeit von genähten Blöcken zu überprüfen.

TIP

Sichern Sie den Rollschneider immer nach Gebrauch. Die Klinge ist wirklich sehr scharf. Passen Sie auch auf, daß er nicht in die Hände von Kindern gerät.

Zum Arbeiten setzen Sie den Rollschneider auf dem Stoff auf und lösen erst dann den Sicherungshebel. Bei anderen Modellen drücken Sie den Rollschneider kräftig nach unten.

Schneiden mit dem Rollschneider

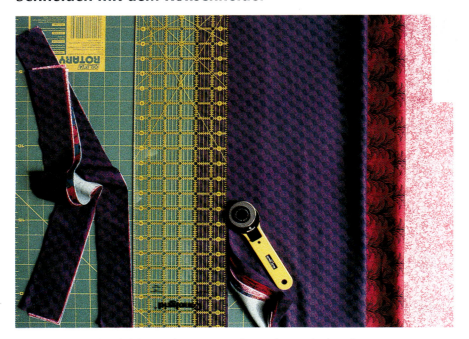

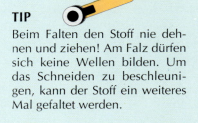

TIP

Beim Falten den Stoff nie dehnen und ziehen! Am Falz dürfen sich keine Wellen bilden. Um das Schneiden zu beschleunigen, kann der Stoff ein weiteres Mal gefaltet werden.

Achtung: Die abgebildete Arbeitsweise gilt nur für Rechtshänder!

Schneiden Sie zur Übung einen 5 cm breiten Streifen aus einem 25 cm breiten Stoffstück.

Falten Sie den Stoff am Längsfadenlauf auf die Hälfte. Achten Sie darauf, daß sich an der Falte keine Wellen und Falten bilden. Greifen Sie nun den Stoff an der Falte und lassen Sie ihn gerade nach unten fallen. Um Platz zu sparen, können Sie ihn ein weiteres Mal falten. Wenn Sie mehr als einen Stoff schneiden, ist es am besten, den Stoff nur einmal zu falten. Legen Sie nun die Falte zu sich hin (also nach unten) auf die Schneidematte. Der zu schneidende Stoff ist auf der rechten Seite des Schneidelineals. Die gerade Seite des Stoffes legen Sie an eine Linie der Schneidematte.

Legen Sie nun das Schneidelineal auf die linke, ungefaltete Seite des Stoffes. Das Lineal deckt so alle Unebenheiten dieser Seite ab (ca. 2-3 cm). Richten Sie nun das Lineal an einer naheliegenden Linie der Schneidematte aus.

Legen Sie eine Hand fest unten auf das Schneidelineal. Mit der anderen Hand halten Sie in gleicher Höhe den Rollschneider so dicht wie möglich am Schneidelineal. Drücken Sie nun fest auf Lineal und Rollschneider und rollen Sie den Schneider neben dem Lineal nach oben. Schneiden Sie immer vom Körper weg, von unten nach oben. Drücken Sie sehr fest auf.

Heben Sie die linke Hand etwas an und gehen Sie am Lineal ein Stückchen höher. Passen Sie auf, daß nichts verrutscht, der Rollschneider schiebt das Lineal nämlich ein bißchen! Begradigen Sie jetzt diese Seite des Stoffes.

Schneiden Sie nie vor und zurück, sondern immer von unten nach oben.

Gehen Sie nun mit dem Lineal z.B. 5 cm nach rechts (incl. Nahtzugabe). Der Streifen wird nach der oben beschriebenen Methode geschnitten. Überprüfen Sie gelegentlich die Maße. Wenn sie nicht stimmen, schneiden Sie einen neuen Streifen.

Zur Übung würde ich ein paar Streifen schneiden.

Musterquilt, 1991 entworfen und genäht von Sylvia Pressacco.

Nähen

Tips für exaktes Nähen
- Verwenden Sie nur scharf gespitzte Stifte
- Markieren Sie genau
- Schneiden Sie exakte Schablonen
- Nähen Sie akkurat
- Messen Sie sorgfältig und oft
- Wechseln Sie innerhalb eines Projektes nie das Lineal, das Maßband oder den Nähfuß
- Wenn erforderlich: trennen Sie auf und nähen Sie neu

Bei Patchworkarbeiten wird eine Standard-Nahtzugabe von $^1/_4$ Inch oder 0,75 cm verwendet. Dicke Stoffansammlungen auf der Rückseite der Arbeit werden durch die schmalen Säume etwas entschärft. Die Säume werden in eine Richtung gebügelt. Maschinengenähte Säume können auch offen gebügelt werden. Es ist leichter, neben der Nahtzugabe zu quilten oder auf der Seite des Saums ohne Nahtzugabe. Es ist kein reines Vergnügen, durch die zusätzlichen Lagen der Nahtzugabe zu quilten.

Nähen Sie von Punkt zu Punkt oder Ecke zu Ecke, wenn
- Nähte aneinander stoßen
- viele Nähte sich kreuzen und sie voneinander weggebügelt werden.

Bei durchgehenden Nähten, wie bei Zwischen- oder Randstreifen nähen Sie von Kante zu Kante.

Überlegen Sie, ob Sie per Hand oder Maschine arbeiten wollen. Sie können in einem Quilt beide Methoden ausprobieren. Die Hauptsache ist das Ergebnis! Überprüfen Sie ab und zu, ob die Maße stimmen. Messen Sie die genähten Einheiten und Reihen mit Lineal oder Maßband. Überprüfen Sie auch die ausgeschnittenen Einzelteile gelegentlich mit der Basis-Schablone.

Wohin mit den zugeschnittenen Teilen?

Am besten stecken Sie die Einzelteile in der gewünschten Anordnung auf ein Stück Flanell. Sie können es zusammenrollen und immer mitnehmen. Ich arbeite mit dieser Methode immer, wenn ich Patchworkblöcke nähe. Wartezeiten können so angenehm verkürzt werden und Ihr Quilt wächst und wächst.

Schneiden Sie ein 45 cm großes Flanellquadrat zu und versäubern Sie es, oder nehmen Sie ganz einfach eine große Flanellwindel!

Stecken Sie nun die einzelnen Teile Ihres Blockes in der gewünschten Anordnung auf das Flanellstück. Die rechte Stoffseite kommt für Patchwork nach unten, für das Applizieren nach oben. Nehmen Sie nun zwei Teile, nähen Sie sie zusammen und stecken Sie sie wieder auf den Flanell. So haben Sie Ihren Block immer „in Ordnung".

Nähen per Hand

Was brauchen Sie?

Stoff: Reinen Baumwollstoff, gewaschen und gebügelt

Nadeln: Sharps oder Betweens, Größe 9 oder 10, 1 Stopfnadel, kurze, feine Stecknadeln

Faden: reiner Baumwollfaden oder baumwollüberzogenes Polyester

Scheren: eine scharfe Stoffschere und/oder Rollschneider, Schneidelineal und Schneidematte, eine scharfe Schere für Plastikmaterial

Schablonen: aus Plastik oder Pappe

Stifte: auf Wachs basierende Stifte

Die Naht

Die Naht wird mit der Hand von einem Punkt zum anderen genäht. Sie beginnen ca. $1/4$ Inch (0,75 cm) von Stoffrand entfernt und beenden die Naht auf der anderen Seite im gleichen Abstand vom Stoffrand. Mit dieser schmalen Nahtzugabe können Sie die Nähte später gut aneinanderlegen und reduzieren die Stoffmenge auf der Rückseite.

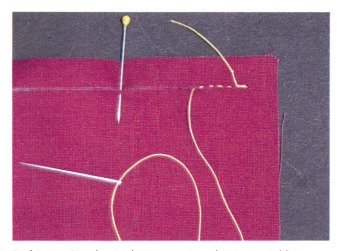

Probieren Sie das Nähen erst einmal mit zwei kleineren Quadraten. Schneiden Sie zwei 4 Inches (10 cm) große Quadrate zu, markieren Sie in zwei Ecken je einen Punkt, der $1/4$ Inch (0,75 cm) vom Rand entfernt ist. Diese Punkte verbinden Sie mit einer Linie.

Legen Sie nun die Quadrate rechts auf rechts aufeinander. Alle Ecken, Punkte und Linien sollen auf Vorder- und Rückseite übereinstimmen. Stecken Sie eine Stecknadel in den vorderen rechten Punkt senkrecht nach unten. Sie müssen mit der Stecknadel den Punkt auf der Vorderseite und den Punkt auf der Rückseite (also das andere Quadrat) erwischen. Das gleiche machen Sie nun bei dem linken Punkt. Fassen Sie mit der Stecknadel immer nur ein paar Fäden. Weitere Stecknadeln werden etwa alle 3 cm gesteckt.

Nun fädeln Sie eine Sharp oder Between ein. Der Faden sollte nicht länger als 45 cm sein. An einem Ende des Fadens knüpfen Sie einen kleinen Knoten.

Die beiden Quadrate werden mit Vorderstichen zusammengenäht. Nähen Sie mit kurzen, geraden Stichen. Am Anfang der Reihe machen Sie einen Rückstich – rechts, wenn Sie Rechtshänder, links, wenn Sie Linkshänder sind.

Ziehen Sie die erste Stecknadel heraus und machen Sie den Rückstich exakt an diesem Punkt. Nun nähen Sie mit kleinen Vorderstichen weiter. Überprüfen Sie alle paar Stiche, ob Sie vorne und hinten genau auf der Linie nähen. Wenn nicht, trennen Sie das Stück auf und nähen es neu. Wenn Sie an dem zweiten Punkt angelangt sind, machen Sie wieder einen Rückstich. Schneiden Sie den Faden ab.

Pressen Sie die Nahtzugabe mit den Fingern in eine Richtung und streifen Sie sie glatt – oder bügeln Sie sie später mit dem Bügeleisen.

Nähen Sie zwei weitere Quadrate auf diese Weise zusammen.

Zusammennähen von Einheiten

Bei fast allen handgenähten Patchworkblöcken und einigen maschinengenähten Blöcken wird immer dasselbe Verfahren angewendet: Die Nahtzugaben werden in entgegengesetzte Richtungen gebügelt. Bei einer Einheit werden sie nach links, bei der anderen nach rechts gebügelt. Wenn Sie die Einheiten zusammenstecken, liegen die jeweiligen Nähte exakt aneinander, und Sie haben die Nahtzugaben gleichmäßig verteilt.

Wenn Sie ein Rechteck z.B. an zwei zusammengenähte Quadrate nähen, werden die Quadrate durch die lange Naht stabilisiert. Diesen Effekt kann man sich bei der Planung der Näharbeit durchaus zunutze machen.

Stecken Sie zwei Einheiten zusammen. Stecken Sie die Stecknadeln exakt in die Punkte auf die Nählinie, und fixieren Sie auch den „Kreuzungspunkt".

Beginnen Sie mit einem Rückstich. Nähen Sie bis zu der bereits vorhandenen Naht. Überprüfen Sie auf der Rückseite der Arbeit, ob Sie exakt auf der Nählinie arbeiten.

Schieben Sie die Nahtzugabe von der Nählinie weg. Ziehen Sie die Stecknadel heraus. Arbeiten Sie einen Rückstich an der Naht. Darauf achten, daß Sie auf der Rückseite den korrespondierenden Punkt erwischen.

Stechen Sie nun mit der Nähnadel durch die Nahtzugabe. Arbeiten Sie auch auf der anderen Seite einen Rückstich und drücken Sie jetzt die Nahtzugabe wieder in die alte Richtung.

Mit kleinen Vorderstichen nähen Sie nun bis zur Markierung am Ende der Reihe. Am Endpunkt nähen Sie wieder einen Rückstich und schneiden den Nähfaden ab.

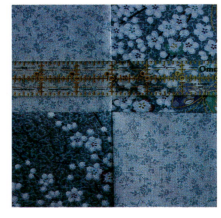

Überprüfen Sie nun die Größe der neuen Einheit. Messen Sie von Nählinie zu Nählinie. Wenn die Größe nicht stimmt, korrigieren Sie jetzt!

Mögliche Fehlerquellen

Es passiert, daß in die Nahtzugabe hineingenäht wird. Der Abstand zwischen den Punkten bzw. Nählinien muß aber der Länge entsprechen, die für die benötigte Einheit gebraucht wird. Wenn Sie nun ein bißchen ungenau oder über den markierten Punkt hinaus genäht haben, wird Ihr Block kleiner werden.

Auch wenn man sehr sorgfältig arbeitet, passiert es immer wieder. Das Resultat sind zu schmale oder zu breite Nahtzugaben, die eine weitere Verwendung der Einheit zumindest erschweren.

Wenn Sie einen Fehler gefunden haben – nähen Sie die Einheit neu oder teilweise neu. Beim Patchworken heben sich die Fehler leider nicht auf, sie addieren sich unglückseligerweise fast immer.

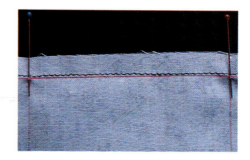

Um einen zu kleinen Block zu retten, nähen Sie knapp außerhalb der Nählinie. Nähen Sie nicht in den Block.

Eingesetzte Teile

Bei manchen Blöcken müssen Quadrate oder andere Formen in die Ecke einer bereits genähten Einheit eingesetzt werden. In diesem Fall nähen Sie immer von innen nach außen. Machen Sie den Rückstich nicht in die Nahtzugabe. Nähen Sie bis zur Stoffkante oder bis zu dem markierten Punkt – je nachdem ob die folgenden Nähte an diesem Punkt darübergenäht werden oder sich kreuzen.

„Morning Star" (Morgenstern) auf Seite 120, „Attic Windows" (Dachfenster) auf Seite 92 und „Peony" (Pfingstrose) auf Seite 124 verwenden z.B. eingesetzte Teile.

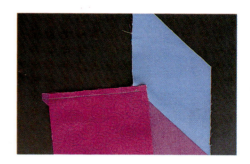

Schmal zulaufende Spitzen

Wenn Sie mehrere dieser Teile zusammennähen, bilden die Knoten vom Nahtanfang und die Nahtzugaben einen richtigen Buckel. Um die Mitte etwas „einzuebnen", beginnen Sie die Naht ca. 1cm vom Punkt, nähen zum Punkt und machen einen Rückstich. Dann wenden Sie die Arbeit und nähen die Naht wie gewohnt.

Bei Sternen z.B. treffen viele dieser Spitzen zusammen. In der Mitte des Blockes entsteht ein kleines Loch. Um es zu eliminieren, gibt es folgendes Verfahren:

Fädeln Sie einen stabilen Faden doppelt ein und machen Sie an einem Ende einen Knoten. Wählen Sie eine Farbe, die zu dem Block paßt. Von der Rückseite der Arbeit stechen Sie nun durch den Endpunkt einer Spitze und fassen zwei Stoffäden, dann gehen Sie zum nächsten Endpunkt, fassen zwei Fäden usw. Nähen Sie im Kreis und machen Sie keine Rückstiche. Wenn Sie wieder bei Ihrer ersten Spitze angelangt sind, ziehen Sie vorsichtig am Faden und somit die Spitzen zusammen. Stechen Sie nun mit der Nadel zur Rückseite und vernähen den Faden.

Bügeln Sie alle Nahtzugaben kreisförmig in eine Richtung. Die Mitte des Blockes bildet das Zentrum.

Geschwungene Nählinien

Konvex

Konkav

Übertragen Sie alle (wirklich alle) Punkte und Einschnitte der Schablone auf die zugeschnittenen Teile.

Das konvexe Teil liegt immer oben. Stecken Sie etwa jeden Zentimeter eine Stecknadel. Um eine stabile Naht zu bekommen, nähen Sie von Kante zu Kante. Diese Naht wird dann von geraden Nähten gekreuzt.

Nähen Sie genau auf der Linie und glätten Sie die Falten des konvexen Teils, während Sie nähen. Entfernen Sie die Stecknadeln, wenn Sie dicht daran sind. Bügeln Sie die Nahtzugabe von der konvexen Kurve weg.

Keilförmige Musterteile

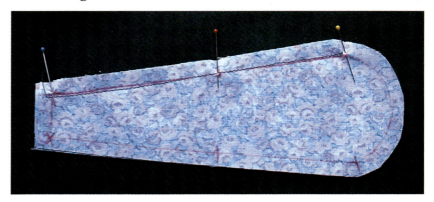

Keilförmige Musterteile werden in Sternmustern oder sogenannten Dresdner-Teller-Mustern (Dresden Plates) verwendet.

Nähen Sie von dem schmalen Ende zum breiten, also meistens von innen nach außen. Bis zur Mitte der Naht nähen Sie knapp innerhalb der Nählinie, dann auf der Nählinie. Mit diesem Verfahren bleibt der Bereich in der Mitte des Blockes relativ eben.

Nähen mit der Nähmaschine

Alle Blöcke dieses Buches können mit der Maschine genäht werden, mit Ausnahme der Handapplikationen. Wenn Sie die einzelnen Teile eines Blockes genau zuschneiden, alle Punkte und Einschnitte exakt von der Basisschablone übertragen, sorgfältig zusammenstecken – dann werden Ihre Blöcke genau so, wie Sie es sich vorstellen. Bitte, nehmen Sie sich Zeit beim Nähen. Sie sollen ja keine Geschwindigkeitsrekorde brechen.

Mit der Nähmaschine näht sich ein Block einfach schneller als mit der Hand, und die Nähte sind sehr stabil. Einige Quilter verwenden die Kante der Musterteile als Leitlinie. Benützen Sie Methode II, wenn Sie Schablonen für das Nähen mit der Nähmaschine schneiden. In diesem Fall müssen Sie keine Nählinie zeichnen, Sie übertragen lediglich die Anfangs- und Endpunkte und evtl. weitere korrespondierende Punkte. Auch bei dieser Methode sollte die Nahtzugabe entweder $^1/_4$ Inch oder 0,75 cm breit sein. Stellen Sie Ihre Nadel entsprechend der gewünschten Nahtzugabe ein. Sie können auch ein Stück Klebeband 0,75 cm von der Nadel entfernt auf die Stichplatte kleben und es als Leitlinie benutzen.

Die großen offenen Bereiche bei Nähfuß und Stichplatte sind für den Zickzackstich gedacht. Nähte mit geraden Stichen können deswegen manchmal ziehen und kleine Buckel bilden. Versuchen Sie mal einen Nähfuß, der nicht für Zickzack geeignet ist. Die Nadel wird so stabiler geführt, es gibt entsprechende Stichplatten.

Den Stich sollten Sie etwas kürzer als üblich wählen: ca. 2 mm lange Stiche ergeben sehr gute Nähresultate.

Wechseln Sie nicht die Maschine innerhalb eines Projektes. Die Nähfüßchen sind nämlich nicht exakt gleich breit, die Blöcke können deshalb unterschiedliche Größen haben.

Einstellen der Nahtzugabe an der Nähmaschine

Wie oben bereits erwähnt – die Standardnahtzugabe ist $^1/_4$ Inch oder 0,75 cm. Es ist ausgesprochen zeit- und arbeitssparend, wenn der Abstand Nadel zu Kante des Nähfüßchens exakt der Nahtzugabe entspricht. Die meisten in Europa verwendeten Maschinen haben ein 0,75 cm breites Nähfüßchen. Bevor Sie anfangen zu nähen, sollten Sie diesen Abstand aber sicherheitshalber noch einmal überprüfen.

– Wenn Sie die Nähnadel zur Seite verstellen können, bewegen Sie sie nach rechts. Der Abstand Nadel - Kante des Nähfüßchens sollte 0,75 cm sein. Kleben Sie ein kontrastfarbiges Klebeband in diesem Abstand auf die Nähmaschine.

Nähhilfe für Patchworknähte

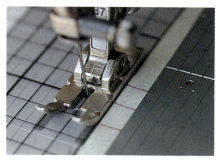

Legen Sie ein Stück Millimeterpapier unter den Nähfuß. Nähen Sie ohne Faden in $^1/_4$ Inch (0,75 cm) Abstand von der rechten Kante. Kleben Sie entlang der Papierkante ein Kreppband. Es ist $^1/_4$ Inch (0,75 cm) rechts von der Nadel.

Markieren Sie nun eine Linie auf dem Klebeband in direkter Höhe der Nadel, eine weitere $^1/_4$ Inch (0,75 cm) tiefer. Die dritte Linie wird $^1/_4$ Inch (0,75 cm) oberhalb der ersten markiert. Diese Nähpunkte zeigen Ihnen genau, wenn die Nadel z.B. $^1/_4$ Inch oder 0,75 cm vom oberen Stoffrand entfernt ist. Das Ergebnis ist eine perfekt funktionierende Nähhilfe. Mit anderen Worten: Bei eingesetzten Nähten wissen Sie, wann Sie nicht mehr weiternähen dürfen. Auch Rückstiche können so besser abgeschätzt werden.

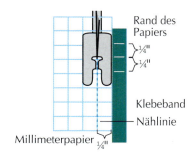

Idealer Nähfuß
Z.B. „Little Foot", ein spezielles Nähfüßchen für Quilter. Nähhilfen sind auf dem Klebeband markiert.

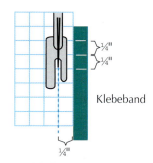

$^1/_4$ Nähfuß
Nähhilfen sind auf dem Klebeband markiert.

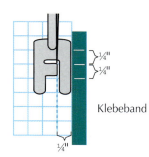

Breiter Nähfuß mit verstellbarer Nadel
Nadel ist $^1/_4$ Inch (0,75 cm) vom Klebeband entfernt. Nähhilfen sind auf dem Klebeband markiert.

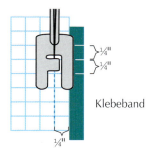

Breiter Nähfuß mit nicht verstellbarer Nadel
Der Rand des Klebebandes liegt etwas unter dem Fuß und ist $^1/_4$ Inch (0,75 cm) von der Nadel entfernt.

Zusammennähen von Einheiten (Butted Seam)

Arbeiten Sie nach der „Punkt-zu-Punkt"-Methode, damit die Kreuzungspunkte der Nähte möglichst flach gehalten werden. Die Nähte liegen bei diesem Verfahren exakt aneinander, und die jeweiligen Nahtzugaben werden gleichmäßig auf der Rückseite der Arbeit verteilt. Sie nähen nicht über die Nähte, deswegen können die Nahtzugaben vom Kreuzungspunkt der Nähte weggebügelt werden.

Probieren Sie diese Technik einmal aus!

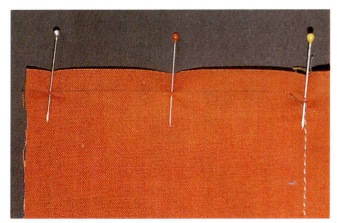

Schneiden Sie aus zwei Stoffen jeweils zwei 4 Inch (10 cm)-Quadrate. Markieren Sie $1/4$ Inch (0,75 cm) vom Stoffrand entfernt in allen Ecken Punkte. Stecken Sie die Quadrate zusammen. Stecken Sie die Stecknadeln genau in die Punkte von beiden Quadraten. Die Stecknadel kommt ein paar Fäden unterhalb des Punktes wieder heraus, ein sog. „Stecknadel-Stich" entsteht.

Sie beginnen die Naht ca. drei Stiche vor der ersten Stecknadel und nähen Rückstiche bis zu dieser Stecknadel. Die Rückstiche sichern den Anfang der Naht. Ziehen Sie die Stecknadel heraus.

Nähen Sie nun vorwärts bis zum anderen Eckpunkt. Immer, wenn Sie zu einer Stecknadel kommen, ziehen Sie sie heraus. Am anderen Ende der Naht machen Sie ebenfalls drei Rückstiche. Heben Sie den Nähfuß und ziehen die fertige Einheit heraus. Schneiden Sie alle Fäden ab.

Nähen Sie nun die anderen beiden Quadrate zusammen.

Bügeln Sie die Nahtzugaben bei beiden Einheiten in die gleiche Richtung.

Legen Sie nun beide Einheiten auf, mit der rechten Seite nach oben. Eine Einheit drehen Sie nun in die entgegengesetzte Richtung.

NÄHEN • 51

Legen Sie nun beide Einheiten rechts auf rechts zusammen. Die Nähte müssen exakt zusammenstoßen.

Sichern Sie diesen Punkt mit einer Stecknadel. Fassen Sie mit der Stecknadel die Endpunkte beider Mittelnähte und machen Sie einen Stecknadelstich.

Stecken Sie nun die Anfangs- und Endpunkte der Nählinien zusammen. Stecken Sie nun zwischen Mittelnaht und diesen beiden Punkten soviel Stecknadeln wie nötig.

Fangen Sie mit ein paar Rückstichen an einem Eckpunkt an und nähen Sie zur Mittelnaht. Achten Sie darauf, daß Sie nicht über die Nahtzugabe nähen. Sie müssen also die Nahtzugabe in die andere Richtung schieben. Nähen Sie bis zu der Stecknadel in der Mittelnaht.

Ziehen Sie sie heraus und machen Sie zwei oder drei Rückstiche. Heben Sie den Nähfuß. Drehen Sie nun die Nähnadel mit dem Handrad heraus, so daß sie möglichst weit vom Stoff entfernt ist. Sie haben es dann leichter, die Fäden zu ziehen.

Ziehen Sie den Stoff weg von der Nähnadel. Sie haben einen losen Faden von ca. 12 cm Länge. Die Nahtzugaben werden nun in Richtung des bereits genähten Stückes gedrückt. Die Nähnadel positionieren Sie exakt in den Endpunkt der Mittelnaht. Achten Sie auf die Nahtzugabe!

Machen Sie wieder zwei oder drei Rückstiche und nähen Sie bis zum anderen Punkt. Das Ende der Naht wird ebenfalls mit Rückstichen gesichert. Schneiden Sie alle Fäden ab.

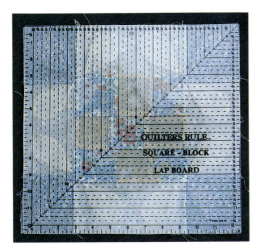

Überprüfen Sie die Größe des fertigen Blockes mit der Basis-Schablone.

Basis-Schablone für fertige Blöcke

Schneiden Sie eine Schablone in Blockgröße, zuzüglich ¼ Inch (0,75 cm) Nahtzugabe. Es gibt auch fertige Quadrate aus durchsichtigem Plexiglas mit Zentimetereinteilung von Omnigrid® oder Quilter's Rule. Alle Blöcke dieses Buches haben eine Seitenlänge von 12 Inches (30 cm) ohne Nahtzugabe und 12 ½ Inches (31,5 cm) mit Nahtzugabe.

Legen Sie Ihre Basis-Schablone auf den fertigen Block. Wenn der Block stark abweicht, müssen Sie ihn neu zuschneiden und komplett neu nähen.

Wenn der Block ein bißchen abweicht, ca. 0,5 cm bis 1,0 cm größer ist, kann man noch „schummeln". Nähen Sie ca. 3 mm vom Stoffrand entfernt Vorderstiche von einer Ecke des Blockes zur anderen. Ziehen Sie nun am Faden, bis der Block die richtige Länge hat. Arbeiten Sie sehr vorsichtig!

Bügeln

Die Nähte werden entweder gleich nach dem Nähen gebügelt oder erst, wenn der ganze Block fertig genäht ist.

Bügeln Sie den Block erst auf der rechten Seite. Dann drehen Sie ihn um und bügeln die linke Seite, danach wird die rechte Seite noch einmal gebügelt. Fahren Sie mit dem Bügeleisen nicht hin und her. Damit die Nähte stabil bleiben, bügeln Sie die Nahtzugaben in eine Richtung. Bügeln Sie nach Möglichkeit zum dunkleren Stoff hin. Wenn möglich, bügeln Sie die Nahtzugaben kreisförmig um einen Mittelpunkt. Aneinanderstoßende Nähte werden so in entgegengesetzte Richtungen gebügelt, wie sie aufeinandertreffen.

Ich habe neben meiner Nähmaschine immer einen kleines Bügelbrett griffbereit.

Bügeln Sie kreisförmig um einen Mittelpunkt. Bügeln Sie zum dunkleren Stoff hin.

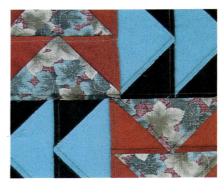

Bügeln Sie kreisförmig um einen Mittelpunkt. Wenn möglich, zum dunkleren Stoff hin.

Bügeln Sie die Nähte, wie sie fallen.

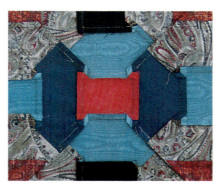

Bügeln Sie die Nähte, wie sie fallen.

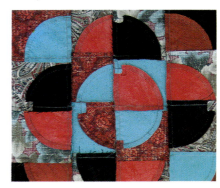

Bügeln sie zur konvexen Seite.

Musterquilt, 1991 entworfen und genäht von Robin Cole. Bei diesem Musterquilt ist der obere Umrandungsstreifen nicht so breit wie die anderen. Die innere, schmalere Umrandung in blau leitet farblich vom inneren Quilttop zu den Randstreifen über.

Applizieren

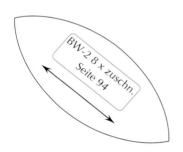

Was brauchen Sie?

Stoff: Reinen Baumwollstoff, gewaschen und gebügelt

Faden: Baumwollfaden oder baumwollüberzogenen Polyesterfaden

Nadeln: Sharps, in den Größen 8,9 und 10, dünne, kurze Stecknadeln

Scheren: eine kleine, scharfe Schere zum Fädenabschneiden
eine große, scharfe Schneiderschere
eine Schere, um Schablonen zu schneiden

Schablonen: Schablonenmaterial aus Plastik oder Pappe

Sonstiges: Markierungsbrett, falls vorhanden
Fingerhut, Nadeleinfädler, Bleistifte und Bleistiftspitzer

Applizieren bedeutet, eines oder mehrere Stoffstücke auf die Vorderseite (rechte Seite) eines anderen Stoffes (Hintergrundstoff) zu nähen. Die Appliziermotive haben sehr oft viele Rundungen und Kurven. Applizieren ist eine wunderschöne Handarbeit und macht mindestens genauso viel Spaß, wie Patchworkblöcke zu nähen. Ein weiterer Vorteil von Applizierblöcken ist: Wenn die Teile einmal auf den Hintergrundstoff geheftet sind, braucht man nur noch eine Nähnadel und kann einfach vor sich hin arbeiten.

Aus den unzähligen Appliziertechniken habe ich für dieses Buch zwei traditionelle und leicht anzuwendende ausgesucht:

- Die Nahtzugabe wird während des Nähens mit der Nadel unter das Appliziermotiv geschoben. Diese Methode nennt man „Needleturn" = Nadeldreh – Methode.
- Die Nahtzugabe wird vor dem Heften auf den Hintergrundstoff an der vorgezeichneten Linie nach hinten gebogen und festgeheftet.

Bei beiden Methoden wird das Appliziermotiv mit kleinen Blindstichen auf den Hintergrundstoff genäht. In diesem Buch sind sechs Appliziermuster: „Bridal Wreath" (Brautkranz), „Dresden Plate" (Dresdner Teller), „Grandmother's Fan" (Großmutters Fächer), „Honey Bee" (Honigbiene), „Iris" und „Peony" (Pfingstrose).

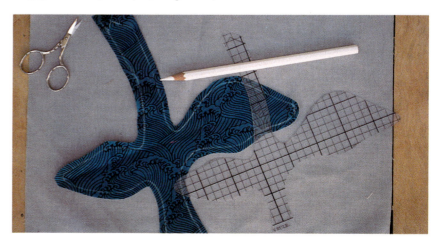

Schablonen

Für jedes Motiv brauchen Sie eine eigene Schablone. Sie hat genau die Größe des fertigen Teils, wird also ohne Nahtzugabe zugeschnitten. Die durchgehende Linie im Musterteil ist die Nählinie. Die Nahtzugabe von 3/16 Inch (knapp 0,5 cm) wird während des Zuschneidens addiert. Legen Sie Ihr Schablonenmaterial über die entsprechende Seite im Buch und pausen Sie das Muster ab.

Der Hintergrundstoff

Damit das Appliziermuster klar gegen den Hintergrund abgesetzt ist, sollte dieser Stoff einen Kontrast in Farbe oder Farbwert bilden. Mein Vorschlag ist, einen leicht gemusterten Stoff anstelle eines einfarbigen zu verwenden. Weiß-auf-Weiß oder andere Ton-in-Ton-Muster verleihen dem Hintergrund mehr Lebendigkeit und wirken trotzdem „einfarbig". Für die Appliziermotive nehmen Sie am besten reine Baumwollstoffe. Sie sind an

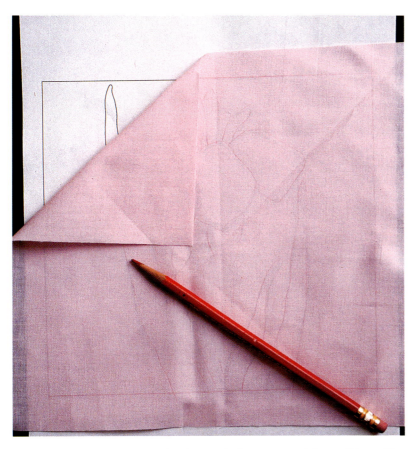

der vorgezeichneten Linie leicht nach hinten zu falten. Diese Kante macht das Applizieren leichter.

Schneiden Sie für den Hintergrundstoff ein Quadrat von ca. 13 Inch (32 cm) Seitenlänge zu, eher ein bißchen größer. Durch das Applizieren wird der Stoff etwas zusammengezogen und das Quadrat dadurch kleiner. Fertig hat der Block, wie alle anderen, eine Größe von 12 Inch (30 cm) ohne und 12 $\frac{1}{2}$ Inch (31,5 cm) mit Nahtzugabe. Die Linien des Musters werden entweder auf Papier gezeichnet und dann vom Papier auf den Stoff abgepaust, oder direkt vom Buch übernommen. Zeichnen Sie ganz schwache Linien mit einem hellen Stift oder irgendeinem, der auf dem Stoff gut zu erkennen ist. Diese Linien helfen Ihnen, die Einzelteile des Appliziermusters richtig auf dem Stoff aufzulegen. Wenn Sie nicht durch den Stoff sehen können, beleuchten Sie das Ganze von hinten (siehe Seite 6) – oder Sie schneiden die benötigten Schablonen, legen Sie auf den Stoff und zeichnen um die Schablonen herum.

Applizieren mit einer Stofflage

Was brauchen Sie?

- Zwei Hintergrundquadrate von 6 Inch (15 cm) Seitenlänge
- Zwei Quadrate des Applizierstoffes von 6 Inch (15 cm) Seitenlänge
- Schablonenmaterial
- Nähfaden, Nähnadeln, Scheren, Bleistift und Bleistiftspitzer, Markierungsstift

Am einfachsten lernt man Applizieren, wenn man nur eine Lage Stoff auf eine andere näht. Eine große gerundete oder kurvige Form wird ausgeschnitten, auf den Hintergrundstoff geheftet und nach einer der beiden Methoden festgenäht. Hawaiianisches Applizieren ist ein gutes Beispiel, was man mit einer Lage Stoff alles machen kann.

Nur zur Übung – applizieren Sie doch einmal das Herz. Lesen Sie die Beschreibung beider Methoden auf den folgenden Seiten. Applizieren Sie je ein Herz nach beiden Methoden.

Übertragen Sie das Herz auf Schablonenmaterial und schneiden Sie es aus. Vermerken Sie Fadenlauf und übernehmen Sie auch alle weiteren Angaben. Legen Sie die Schablone nun auf die rechte Seite des Hintergrundquadrates. Achten Sie auf den Fadenlauf: Schablone und Stoff müssen übereinstimmen. Zeichnen Sie nun mit einem Markierungsstift um die Schablone herum. Drücken Sie nur leicht auf. Die Nahtzugabe wird an dieser Linie nach hinten gebogen. Markieren Sie ein zweites Herz. Schneiden Sie zwei Herzen zu, wobei Sie eine Nahtzugabe von 3/16 Inch (0,5 cm) berücksichtigen.

Wenn Sie innerhalb der applizierten Teile mit der Hand quilten wollen, müssen Sie den Hintergrundstoff an dieser Stelle wegschneiden. Verwenden Sie eine kleine, scharfe Schere und schneiden Sie den Hintergrundstoff entlang der fühlbaren Nahtzugabe weg. Jetzt kann dieser Bereich leichter mit der Hand gequiltet werden.

Falls Sie in diesem Bereich nicht mit der Hand quilten wollen, lassen Sie einfach alles, wie es ist. Die zusätzliche Stofflage sieht hübsch aus und verleiht dem Quilt mehr Struktur.

Methode I: Die Nahtzugabe wird nach hinten geheftet

Schneiden Sie zuerst eine Schablone, übertragen Sie die Form auf den Stoff, schneiden Sie ihn zu und falten Sie die Nahtzugabe nach hinten. Heften Sie nun die Nahtzugabe knapp am Falz. Anschließend heften Sie das Motiv auf den Hintergrundstoff. Diese Methode wird angewendet, wenn mit sehr kleinen und vielen Applikationsteilen gearbeitet wird, wenn sich die einzelnen Teile überlappen oder man ganz besonders genau sein muß. Man braucht zwar mehr Zeit als bei der anderen Methode, aber das Ergebnis überzeugt.

Die gehefteten Applikationen werden auf die rechte Seite des Hintergrundstoffes gelegt und am vorgezeichneten Muster ausgerichtet. Wenn nötig, legen Sie die einzelnen Motive übereinander. Heften Sie nun alles auf den Hintergrundstoff. Mit einem Blindstich und farblich passendem Baumwollfaden nähen sie die Einzelteile auf den Hintergrund. Auf der nächsten Seite ist genau erklärt, wie das geht. Ziehen Sie die Heftfäden heraus und bügeln Sie den Block. Schneiden Sie den fertigen Block zu einem Quadrat von 12 ½ Inch (31,5 cm) Seitenlänge.

Schneiden Sie die einzelnen Teile mit knapp ³/₁₆ Inch (0,5 cm) Nahtzugabe zu. Falten Sie die Nahtzugabe an der gezeichneten Linie nach hinten. Heften Sie mit kurzen Vorderstichen die Nahtzugabe knapp an der Kante. Die Heftstiche fixieren die Nahtzugabe an der Rückseite.

Je knapper Sie an der Kante heften, um so weniger müssen Sie die Nahtzugabe einschneiden.

Um die Spitze des Herzens zu formen, falten Sie die Nahtzugabe an dieser Stelle nach hinten. Jetzt falten Sie die Seiten übereinander und sichern die Spitze mit einem zusätzlichen Heftstich.

Heften Sie nun den Rest.

Der Blindstich (Saumstich)

Dieser Stich ist leicht zu arbeiten, und die Teile sind relativ schnell appliziert. Beim Applizieren bemüht man sich, den Stich so unsichtbar wie nur möglich zu machen. Der Blindstich kann deshalb bei den meisten Applizierarbeiten verwendet werden. Heften Sie das Appliziermotiv auf den Hintergrundstoff.

Fädeln Sie eine Nr. 9 Sharp oder Between mit einem kurzen Faden (ca. 30 cm – 35 cm) ein. Die Farbe des Fadens passen Sie dem Applikationsmotiv an. Am einen Ende des Fadens machen Sie einen kleinen Knoten. Versuchen Sie mit einem Fingerhut zu nähen. Mit der linken Hand halten Sie Appliziermotiv und Hintergrundstoff, mit der rechten nähen Sie.

Stechen Sie mit der Nadel von hinten nach vorn durch den Falz des Motivs. Stechen Sie nun wieder in den Hintergrundstoff, ganz knapp hinter dieser Stelle. Führen Sie jetzt die Nadel wieder nach vorn, ca. 2-3 mm vor den ersten Stich. Die Nadel kommt am Falz wieder heraus. Ziehen Sie Nadel und Faden durch. Ziehen Sie noch einmal kurz am Faden, um den Stich zu sichern.

Mit dem Blindstich nähen Sie nun das ganze Motiv fest. Zwischen den einzelnen Stichen ist ein Abstand von 2 mm.

An nach innen gebogenen Kurven und V-förmigen Kurven werden die Stiche ganz dicht nebeneinander genäht. Die Nahtzugabe wird in beiden Fällen bis dicht an die gezeichnete Linie eingeschnitten. Sind Sie aber vorsichtig mit den Einschnitten – sie machen das Motiv sehr dehnbar. Schneiden Sie nur da, wo es wirklich nötig ist.

Extra-Stiche werden an der Spitze gearbeitet, um sie besser zu fixieren. Versuchen Sie weiche Kurven zu arbeiten. Falls der Stoff doch kleine Ecken bildet, stechen Sie mit der Nadel in den Falz und drücken die Kante etwas nach außen oder innen, je nachdem. Mit diesem Verfahren sollten die kleinen Unebenheiten eigentlich in den Griff zu bekommen sein.

Je gerader der Stich auf der Rückseite der Arbeit ist, um so weniger sieht man ihn auf der Vorderseite. Wenn Sie das Motiv rundherum appliziert haben, vernähen Sie den Faden auf der Rückseite der Arbeit. Machen Sie innerhalb der genähten Linie ein oder zwei Rückstiche und schneiden Sie den Faden ab. Ziehen Sie nun die Heftfäden heraus und bügeln Sie den Block.

Methode II: Die Nahtzugabe wird nicht geheftet, sondern gefalzt (Pinch and Needleturn)

Das Appliziermotiv wird auf den Hintergrundstoff geheftet. Die Nahtzugabe wird während des Applizierens nach hinten gefalzt, Stückchen für Stückchen. Diese Methode wird bei schmal zulaufenden Teilen, Kurven, großen Teilen, persischer Stickerei, Applizieren mit einer Stofflage und hawaiianischem Applizieren angewendet. Auch bei mehrlagigen Appliziermotiven kann man mit dieser Methode arbeiten.

Wenn man das Prinzip einmal gemeistert hat, kann man damit die meisten Applizierarbeiten ausführen.

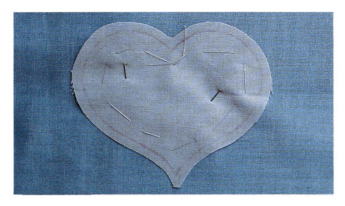

Legen Sie das Appliziermotiv auf den Hintergrundstoff. Positionieren Sie es nach den markierten Linien. Heften Sie das Motiv auf den Hintergrund, ca. ³/₄ Inch (2 cm) vom Rand entfernt. Falzen Sie während des Heftens die Nahtzugabe nicht nach hinten.

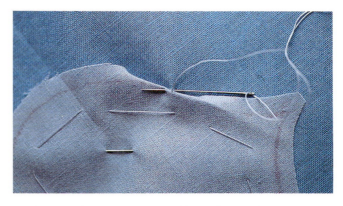

Halten Sie den Hintergrundstoff und das Appliziermotiv mit dem Daumen und dem Zeigefinger der linken Hand (wenn Sie Rechtshänder sind). Fangen Sie an einer möglichst geraden Strecke mit dem Nähen an. Falzen Sie die Nahtzugabe nun auf ca. ³/₄ Inch (2 cm) Länge nach hinten. Den ersten Stich machen Sie von der Rückseite der Arbeit nach vorne durch den Falz. Ziehen Sie den Faden an. Nähen Sie mit dem Blindstich. Machen Sie immer nur einen Stich. Falten Sie während des Nähens die Nahtzugabe weiter nach hinten, Zentimeter für Zentimeter.

Mit der Spitze der Nadel schieben Sie den Stoff an sehr engen Kurven nach hinten. Ca. 1 Inch (2,5 cm) vor Spitzen oder Ecken falzen Sie eine Seite nach hinten und dann die andere. Stiche an Innenkurven sollen dicht an dicht sein.

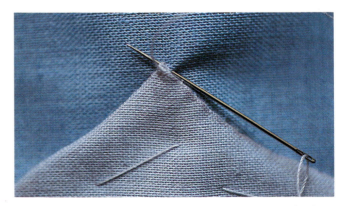

Schneiden Sie die Nahtzugabe nur ein, wenn es unbedingt nötig ist. Wenn man sehr oft einschneidet, dehnt man den Stoff unnötig, und er franst auch leicht aus. Zu großzügig bemessene Nahtzugaben werden bei Bedarf zurechtgeschnitten. Entfernen Sie die Heftfäden und bügeln Sie den Block. Wenn gewünscht, schneiden Sie den Hintergrundstoff weg. Schneiden Sie nun den Block zu einem Quadrat von 12 ½ Inch (31,5 cm) Seitenlänge.

Fertigstellen der Quiltoberseite

Zuschneidevorschläge

Zwischenstreifen

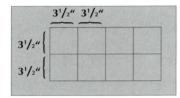
Eckblöcke

Zwischenstreifen und Eckblöcke

Legen Sie die genähten und applizierten Musterblöcke in Reihen neben- und untereinander. Verändern Sie die Anordnung der einzelnen Blöcke, bis Sie zu einem Ergebnis kommen, das Sie überzeugt.

Zwischenstreifen und Eckblöcke umrahmen und separieren die Einzelblöcke, vergrößern die Quiltoberseite und bieten viel Platz zum Quilten. Nehmen Sie sich viel Zeit, um die passende(n) Farbe(n) zu finden. Das „Gesicht" der Quiltoberseite kann durch diese Streifen ein ganz anderes Aussehen bekommen. Farben in den Blöcken können betont oder verändert werden. Wenn Sie also z.B. Blau hervorheben wollen, verwenden Sie Blau in den Zwischenstreifen. Quiltstiche sind auf einfarbigen oder Ton-in-Ton-Mustern besser zu sehen als auf gemusterten Stoffen. Ein schmaler Zwischenstreifen hält die Blöcke eher zusammen, während ein breiter sie optisch stärker unterteilt und mehr Raum zum Quilten bietet. Breite Streifen sind auch eine beliebte Methode, um das Quilttop zu vergrößern.

Die Eckblöcke sind kleine Quadrate, die die Zwischenstreifen unterteilen und etwas lebendiger gestalten. Die Naht Eckblock – Zwischenstreifen macht es auch einfacher, die Blockreihen zusammmenzustecken und das Quilttop fertigzustellen. Die Quiltoberseite wird auf diese Weise gerade, flach und rechtwinklig. Verwenden Sie für diese kleinen Quadrate eine Farbe, die das Top zum Leuchten bringt, oder eine Ihrer Lieblingsfarben aus den Blöcken. Diese Farbtupfer führen das Auge über das Quilttop und verbinden die einzelnen Blöcke.

Stoffverbrauch und Quiltpläne für 3 Inch (7,5 cm) breite Zwischenstreifen und 3 Inch (7,5 cm) große Quadrate sind bei den jeweiligen Quiltplänen vermerkt. Diese Größen sind mehr oder weniger Standardgrößen. Falls Ihnen das Top mit diesen Breiten nicht zusagt, versuchen Sie es halt mit schmäleren oder breiteren Streifen bzw. Quadraten.

Mit Schere oder Rollschneider, Schneidelineal und -matte werden Zwischenstreifen und Eckblöcke zugeschnitten. Die linke Seite des Stoffes wird wie üblich markiert. Erinnern Sie sich: Stoff dehnt sich mehr quer-, denn längsseitig. Schneiden Sie also die lange Seite Ihres Zwischenstreifens am Längsfadenlauf. So geschnittene Zwischenstreifen stabilisieren die Blöcke. Wenn Ihre fertigen Zwischenstreifen 3 Inch (7,5 cm) breit sein sollen, schneiden Sie sie 3 ½ Inch (9 cm) breit zu, Sie addieren also eine Nahtzugabe von ½ Inch (1,5 cm). In diesen Falle werden die Eckblöcke als Quadrate von 3 ½ Inch (9 cm) Seitenlänge zugeschnitten. Die Seitenlänge der Eckquadrate entspricht immer der Breite der Zwischenstreifen.

„Dinge, die mir am Herzen liegen". Attic-Window („Dachfenster")-Quilt von Diana Leone, 1989. Dieses Muster ist auf Seite 92 beschrieben. Die Patchwork-Applizier-Technik wurde verwendet, um die Vielzahl der Stoffe wirkungsvoll darzustellen. Diese Stoffe sind für mich untrennbar mit Personen und Orten verbunden. Ihre Namen habe ich in die Fensterbank gequiltet.

Verbinden von Zwischenstreifen und Blöcken

Möglicherweise weichen einige Blöcke von der „Soll-Größe" etwas ab. Markieren Sie Eckpunkte oder ähnliches auf dem jeweiligen Zwischenstreifen und stecken Sie den Block anhand dieser Orientierungspunkte an den Streifen; die Quiltoberseite wird dann glatt und rechtwinklig. Überlegen Sie, ob Sie nicht einen weiteren Zwischenstreifen hinzufügen wollen.

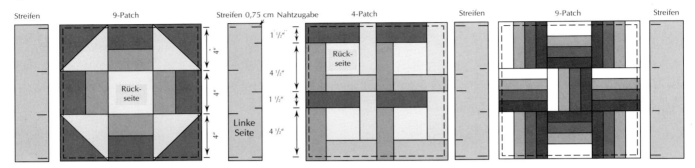

Markieren Sie zuerst die Nahtzugabe auf der Schmalseite jedes (vertikalen) Zwischenstreifens. Für einen 9-Patch-Block unterteilen Sie die verbleibenden 12 Inch (30 cm) in drei gleiche Teile; Sie markieren nach jeweils 4 Inch (10 cm). Für einen 4-Patch-Block halbieren Sie die 12 Inch (30 cm), Sie markieren nach 6 Inch (15 cm).

Stecken Sie nun korrespondierende Blöcke und Streifen wie markiert zusammen. Nähen Sie alle vertikalen Zwischenstreifen an die Blöcke. Kleine Ungenauigkeiten können jetzt ausgeglichen werden. Richten Sie den Block am Zwischenstreifen aus. Nähen Sie jetzt alle horizontalen Reihen zusammen.

Verbinden von Zwischenstreifen und Eckblöcken

Die Eckblöcke werden an die horizontalen Zwischenstreifen genäht. Die Nahtzugabe der Eckblöcke wird in Richtung Zwischenstreifen gebügelt. Markieren Sie auch diese Zwischenstreifen wie oben beschrieben. Stecken Sie den langen Streifen nach den Markierungspunkten an die horizontalen Reihen. Verbinden Sie alle Reihen mit horizontalen Zwischenstreifen. Schneiden Sie alle losen und weghängenden Fäden ab.

Umrechnungstabelle		
1 ½"	=	4,0 cm
3"	=	7,5 cm
4"	=	10,0 cm
4 ½"	=	11,5 cm
12"	=	30,0 cm

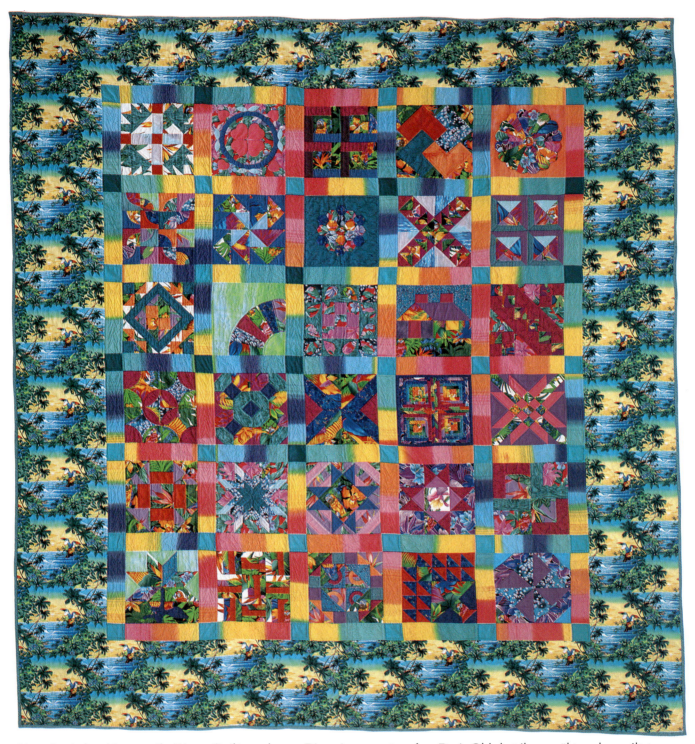

Hawaiianischer Musterquilt. Dieser Quilt wurde von Diana Leone entworfen. Doris Olds hat ihn genäht und gequiltet.

Randstreifen

Randstreifen umrahmen das innere Quilttop. Sie werden auch gern verwendet, um besonders schöne und komplizierte Quiltmuster hervorzuheben. Über die Breite der Randstreifen läßt sich die Quiltgröße variieren. Für die Randstreifen kann man einen oder mehrere Stoffe verwenden; Sie können diagonale oder gerade Ecken nähen. Vielleicht wollen Sie alle Ecken diagonal – oder nur die Ecken am Fußende des Bettes. Die Anleitung für diagonale Ecken finden Sie auf der nächsten Seite. Eine weitere Gestaltungsmöglichkeit sind gerundete Ecken. Normalerweise haben der untere Randstreifen und die Seitenstreifen die gleiche Breite. Bei einem „Bettquilt" können Sie den oberen Streifen schmaler oder breiter machen. Der Quilt kann so exakt der Bettgröße angepaßt werden.

Diagramme und Stoffverbrauch sind bei den Quiltplänen auf Seite 14 angegeben. Die Breite der Umrandungsstreifen läßt sich am besten festlegen, wenn das innere Quilttop auf dem Bett liegt. Sie können nun verschiedene Breiten „ausprobieren" und so die gewünschte Größe erhalten.

Falls Sie Stoff für die Umrandungsstreifen zur Seite gelegt haben - seine Zeit ist jetzt gekommen! Nehmen Sie die langen Längen und schneiden Sie die Randstreifen zu; vergessen Sie nicht, rundum die Nahtzugabe zu addieren. Schneiden Sie diese Streifen immer ein bißchen länger als unbedingt nötig. Für diagonale Ecken addieren Sie mindestens die Breite in Zentimeter zu der Länge, lieber etwas mehr. Für gerade Ecken ist der Nähplan links auf dieser Seite gezeichnet.

Markieren Sie die innere Seite der Streifen alle 3 Inch (7,5 cm), 12 Inch (30 cm) usw., um Orientierungspunkte zu erhalten. Sie können diese Punkte dann mit den korrespondierenden Punkten von Blöcken und Gitter-/Zwischenstreifen zusammenstecken. Kleine Ungenauigkeiten können an dieser Stelle vorsichtig zurechtgezogen werden. Nähen Sie die Seitenstreifen an das Quilttop, danach die Streifen für Ober- und Unterseite. Bilden Sie diagonale (= schräg verlaufende) Ecken, wenn gewünscht. Bügeln Sie die Nähte in Richtung der Randstreifen. Schneiden Sie alle herumhängenden Fäden ab.

Stecken Sie Umrandungsstreifen und Quilttop an korrespondierenden Punkten zusammen.

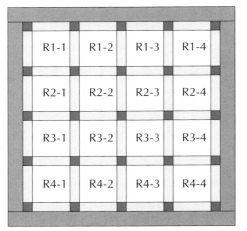

Quilttop mit Gitterstreifen, Eckblöcken und Umrandungsstreifen mit geraden Ecken.

Hier sind die Blöcke ohne Zwischenstreifen zu einem Quilttop zusammengesetzt.

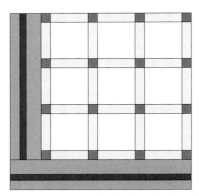

Gestaltungsmöglichkeiten für Randstreifen.

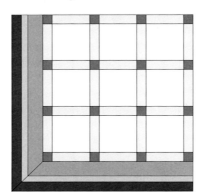

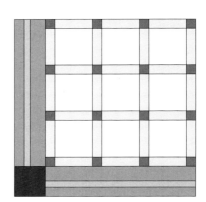

Diagonale Ecken im 45°-Winkel

Die diagonale Ecke ist ein weiteres Glanzlicht für das Quilttop. Besonders wirkungsvoll sind diese Ecken, wenn der Umrandungsstreifen auch in Patchwork-Technik gearbeitet wurde und wenn einfarbige oder Ton-in-Ton gemusterte Stoffe verwendet werden. Diese Ecklösung ist nicht so schwierig, wie sie aussieht. Wenn Sie einmal den richtigen Dreh gefunden haben, werden Sie sie nicht mehr missen wollen.

Addieren Sie zur Länge des Quilttops mindestens die Breite der Streifen plus 4-5 cm, um die richtige Streifenlänge zu erhalten. Seien Sie an dieser Stelle lieber großzügig. Nähen Sie nun jeden Streifen an das Quilttop. Nähen Sie **nicht** in die Nahtzugabe hinein.

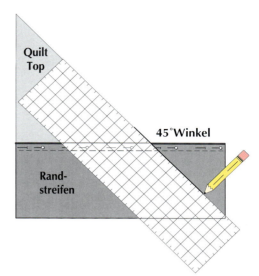

Falten Sie nun das Top vorsichtig in der Diagonale. Dieser Falz ist eine Hilfslinie für Schablonen oder Lineal. Legen Sie das Top gefaltet auf einen Tisch, zwei Randstreifen bzw. eine Ecke direkt vor sich. Legen Sie die Streifen exakt rechts auf rechts aufeinander; diese Streifen sollten deckungsgleich sein. Stecken Sie die zwei Streifen zusammen, weg von der Nählinie. Drücken Sie die Nahtzugabe in Richtung Quilttop (also weg von dem Streifen) und stecken Sie die Nahtzugaben zusammen.

Legen Sie nun eine dreieckige Schablone oder ein Lineal mit einer 45°-Markierung auf den Falz des Quilttops. Verlängern Sie mit diesen Hilfsmitteln den Falz in den Randstreifen hinein bis zur Kante des Randstreifens. Stecken Sie die Streifen entlang dieser Linie zusammen.

Legen Sie das so vorbereitete Top unter den Nähfuß. Sie müssen mit der Nadel exakt die Stelle treffen, an der die Diagonale beginnt. Die Nahtzugaben sollten von der Nählinie weggedrückt sein. Arbeiten Sie hier keinen Rückstich. Nähen Sie nicht in die Nahtzugabe hinein. Nähen Sie auf der markierten Linie von der inneren Ecke (da, wo sich Randstreifen und Quilttop treffen) bis zur äußeren Ecke. Schneiden Sie die Nahtzugabe auf ¼ Inch (0,75 cm) zu und schneiden Sie alle Fäden ab.

Wiederholen Sie diesen Vorgang für die restlichen drei Ecken. Bügeln Sie alle Nahtzugaben vom Quilttop weg. Die diagonalen Säume bügeln Sie entweder offen oder in eine Richtung. Nachdem Ihnen die diagonalen Ecken keine Schwierigkeiten mehr machen – wagen Sie sich doch einmal an „Attic Windows" („Dachfenster").

Abgerundete Ecken

Falls Sie abgerundete Ecken arbeiten möchten, planen Sie sie jetzt ein. In jedem Fall aber, bevor Sie die drei Lagen zusammenheften und anfangen zu quilten.

Messen Sie die Entfernung Saum – Umrandungsstreifen bis zur äußeren Nahtzugabe des Streifens. Schneiden Sie nun ein Stück Schnur derselben Länge, plus etwa 4 Inch (10 cm) ab. An das eine Ende der Schnur binden sie ein Stück Kreide oder einen Markierungsstift, an dem anderen befestigen Sie eine Sicherheitsnadel. Befestigen Sie die Sicherheitsnadel in der Ecke, das Quilttop und Umrandungsstreifen bilden. Zeichnen Sie jetzt einen Bogen von der äußeren Nahtzugabe des einen Streifens zur äußeren Nahtzugabe des anderen Streifen. Die Ecke ist jetzt, zeichnerisch zumindest, abgerundet. Nachdem das Top gequiltet wurde, schneiden Sie entlang der markierten Linie.

Zusammenfügen des Quilts

Vorzeichnen des Quiltdesigns

Bevor die einzelnen Lagen eines Quilts zusammengeheftet werden, muß man sich im Klaren sein, wieviel Arbeit und Zeit man in das Quilten investieren will. Wie bald muß der Quilt fertig sein? Ist der Quilt als „Erbstück" gedacht oder als Gebrauchsquilt? Wird er ein Wandbehang oder landet er auf einem Bett? Wird es ein Bettüberwurf oder eine Bettdecke? Wollen Sie mit der Hand oder mit der Maschine quilten?

Als Quiltneuling sollten Sie gerade so viel quilten, um die drei Lagen zusammenzuhalten und das Projekt in absehbarer Zeit beenden zu können. Mit anderen Worten: Sie sollten etwa alle 6 Inch (15 cm) eine Quiltlinie haben. Auch hier gibt es keine ehernen Regeln; jeder Quilt ist nun einmal anders. Mit dem Musterquilt haben Sie die Möglichkeit, verschiedene Techniken auszuprobieren. Auf den folgenden Seiten sind die Grundlagen des Handquiltens erläutert. Weitere Literatur zu diesem Thema finden Sie in der Bibliographie auf Seite 136.

Wenn Sie sich entschieden haben, wieviel und wo Sie quilten wollen, markieren Sie das Quilttop. Verwenden Sie am besten einen auf Wachs basierendem Stift oder jeden anderen, der sich herauswaschen läßt. Zeichnen Sie die Quiltlinien mit einem Lineal, einem Stencil, einer Schablone oder pausen Sie ein Design. Zusätzlich, oder anstatt, verwenden Sie ein ¼ Inch (0,75 cm) breites Klebeband. Das Band wird entlang der Säume oder anderer Linien geklebt und dient als Quiltlinie. Für Quiltstiche entlang der Naht, im sog. Nahtschatten, benötigt man keine gezeichneten Linien.

Markieren Sie Blöcke, Zwischen- und Randstreifen mit den gewünschten Quiltmustern. Wenn Sie irgendwo das Gefühl haben, das Muster paßt nicht ganz, oder es Ihnen einfach zu viel wird – dann quilten Sie einfach an dieser Stelle nicht. Die Quiltlinien waschen sich sowieso heraus. Zeichnen Sie Ihre Quiltlinien nach Möglichkeit immer in einem kleinen Abstand von der fühlbaren Nahtzugabe. Es ist problematisch, durch dick übereinanderliegende Stofflagen stechen zu müssen.

Welches Quiltmuster paßt?

Es gibt eine Grundregel: Wenn das Muster des Blockes kurvig ist, wie bei Appliziermotiven, bevorzugt man für das Quiltdesign im Hintergrund gerade Linien. Dadurch werden die weichen Linien der Applikation ergänzt, betont und hervorgehoben. Applizierte Blöcke werden oft mit Quiltlinien in 3 mm Abstand umrahmt. Manchmal wirken Blöcke mit Appliziermotiven wie ausgestopft. Meistens sind sie es nicht - die gequiltete Linie entlang dem Motiv scheint es „aufzublasen". Patchwork-Blöcke werden durch Quilten entlang des Umrisses betont, sehr oft wird im Nahtschatten gequiltet. Die Quiltlinien sind entweder gerade oder kurvig - je nach persönlicher Vorliebe.

Die Möglichkeiten für Quiltdesigns sind nahezu endlos. Untersuchen Sie die verwendeten Stoffe nach Design-Möglichkeiten. Vielleicht kann man aus einem Stoffmuster ein Quiltmuster entwickeln. Manchmal kann man auch ein Muster nachquilten und braucht keine Linien zu zeichnen.

Für schwierigere Fälle kopieren Sie einfach einen Teil Ihres Stoffes, pausen das Muster mit schwarzem Filzstift und experimentieren mit dem Muster. Es gibt Bücher mit Quiltmustern (siehe Bibliographie). Verwenden Sie auch vorgeschnittene Stencils - es sind unzählige erhältlich.

Schauen Sie sich Bilder von Quilts sehr genau an. Gehen Sie zu Quiltausstellungen. Man kann dabei nur lernen und gute Ideen adaptieren.

Durchpausen des Quiltmusters

Die meisten Schwarz-auf-Weiß-Zeichnungen können auf Stoffe übertragen bzw. gepaust werden. Kindermalbücher sind auch gute Ideenlieferanten. Kaufen Sie einige, um unterschiedliche Motive zu haben. Pausen Sie die Bilder auf weißes Papier und zeichnen Sie die Umrisse mit dickem, schwarzem Filzstift nach. Legen Sie das Papier hinter das Quilttop und pausen Sie die Umrisse mit einem Stift. Sie können das Design durch die meisten Stoffe sehen, in etwa von Weiß bis Mittelblau. Für dunklere Stoffe benutzen Sie einen Lichtkasten oder ähnlich gelagerte Ersatzlösungen (siehe auch Seite 6).

TIP

Falls beim Übertragen des Quiltmusters Fehler passieren: Korrigieren Sie mit einer anderen Farbe. Es ist ja alles auswaschbar.

Im Abschnitt „Bibliographie" (Seite 136) sind Bücher mit und über Quiltmuster gelistet. Diese Muster können abgepaust, fotokopiert, verkleinert oder vergrößert werden.

Stencils

Stencils sind Schablonen für Quiltmotive. Sie sind in verschiedenen Größen und unzähligen Motiven erhältlich. Hergestellt werden sie aus leicht biegsamem Plastikmaterial oder Metall. In dieses Material sind Schlitze geschnitten. Sie zeichnen das Muster durch diese Öffnungen. Der Stencil wird auf die gewünschte Stelle gelegt und das Muster mit einem Stift gezeichnet. Die Distanz zwischen den Schlitzen wird Brücke genannt. Nachdem der Stencil entfernt ist, überbrücken Sie diese Strecke freihändig. Stencils können immer wieder verwendet werden.

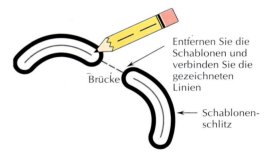

Umrißschablonen

Früher benutzten Quilter jeden Haushaltsgegenstand, der Umrisse für Quiltlinien „hergab". Tassen, Untertassen oder Plätzchenformen waren (und sind) die Basis von unzähligen Quiltmustern. Legen Sie z.B. die Plätzchenform auf ein Stück Karton oder ein Stück Plastik, zeichnen Sie rundherum und schneiden Sie die Form aus – fertig ist die Schablone.

Vorbereiten der Rückseite

Verwenden Sie auch für die Rückseite das Quilts reines, hochwertiges Baumwollmaterial. Leintücher sind zu dicht gewebt, es ist schwierig durchzustechen. Vorder- und Rückseitenstoff haben in diesem Fall auch unterschiedliche Eigenschaften. Auf der Rückseite des Quilts können sich kleine Knötchen bilden. Wenn die Quiltstiche auf der Rückseite verschwinden sollen, oder Sie sehr oft den Faden wechseln, ist ein gemusterter Stoff zu empfehlen.

Eine Stoffbreite von 42 Inch (105 cm) ist groß genug, um die Rückseite eines Wandbehanges oder einer Babydecke zu bilden. Für Quilts, die breiter als 40 Inch (100 cm) sind, muß man die Rückseite speziell nähen. Die Rückseite sollte rundherum mindestens 2 Inch (5 cm) größer als das Quilttop sein.

Die Rückseite besteht aus einem Mittelteil und zwei Seitenteilen. Für die Seitenteile halbieren Sie eine Stoffbreite in der gewünschten Länge und nähen sie an die rechte und die linke Seite des Mittelstücks. Durch ein breites Mittelstück liegt der Quilt flacher. Eine Mittelnaht wirft leichter Beulen. Für Quilts, die breiter als 80 Inch (200 cm) sind, nähen Sie drei Stoffbahnen in der gewünschten Länge aneinander. Vergessen Sie vor dem Nähen bitte nicht, die Webkante abzuschneiden. Durch Webkanten quiltet es sich nämlich besonders schlecht.

Einzelbett

Französisches Bett

Doppelbett

„Gwendolyn's Quilt" - Quiltkunst auf der Rückseite. Die Vorderseite des Quilts ist auf Seite 3 abgebildet.

Künstlerisch gestaltete Quiltrückseite

Die meisten Quilter kaufen mehr Stoff, als Sie für die Vorderseite Ihres Quilts brauchen. Verwenden Sie diese Überbleibsel, jeden x-bliebigen neuen Stoff und Ihre Phantasie - entwerfen Sie eine völlig einzigartige Rückseite! Machen Sie das Muster so simpel wie nur möglich. Weitere Nahtzugaben und Säume auf der Rückseite erleichtern das Handquilten ganz bestimmt nicht. Diese sog. Back Art (=Kunst auf der Rückseite) wird immer beliebter. Das Buch „Backart – On the Flip Side" von Leone Publications versorgt Sie mit Inspiration, Ideen und Instruktionen.

Zusammenheften der Quiltlagen

Ordentliches Heften ist ein sehr wichtiger Schritt zu einem schönen Quilt. Je nachdem ob der Quilt von Hand oder mit der Maschine gequiltet wird, heften oder stecken Sie ihn mit Sicherheitsnadeln zusammen.

Das Quilttop, das Füllmaterial und die Rückseite werden auf einer großen, ebenen, taillienhohen Fläche ausgebreitet. Heftstiche oder Sicherheitsnadeln halten die drei Lagen zusammen. Der Quilt kann dann mit oder ohne Rahmen gequiltet werden. Zum Heften nimmt man eine lange Nadel und stabilen, weißen Zwirn. Sie fangen immer in der Mitte an zu heften und machen in einem Abstand von 3 Inches (8 cm) bis 5 Inches (12 cm) horizontale und vertikale Reihen. Je mehr Sie heften, um so weniger Falten werden Sie auf Vorder- und Rückseite haben, und um so leichter quiltet es sich nachher. Es ist in jedem Falle besser, zuviel zu heften als zuwenig. Vor vielen Jahren entdeckte ich: ein Tisch eignet sich ausgezeichnet für Heftarbeiten. Eine Tischtennisplatte ist sehr gut, aber ein großer Eßtisch tut es auch. Decken Sie den Tisch mit Plastikmaterial oder einem Duschvorhang ab, um ihn vor Nadelstichen zu schützen. Heften Sie nach Möglichkeit nicht auf dem Boden - es ist zu anstrengend. Erhöhen Sie die Tischbeine mit Büchern, um einen niedrigen Tisch taillienhoch zu machen. Rückenschmerzen werden so weitgehend vermieden.

TIPS

Ein gut gehefteter Quilt kann auch ohne Rahmen gequiltet werden.

Bei Falten im Füllmaterial blasen Sie mit dem Fön aus 15 bis 25 cm Abstand warm auf das Material, oder Sie „entfalten" es bei niedriger Temperatur im Trockner.

An einem Ende des Fadens machen Sie einen großen Knoten. Sie können den Faden nach dem Quilten leicht entfernen: Ziehen Sie an dem großen Knoten!

Top eines Musterquiltes;
1991 genäht und geheftet
von Candy Levson

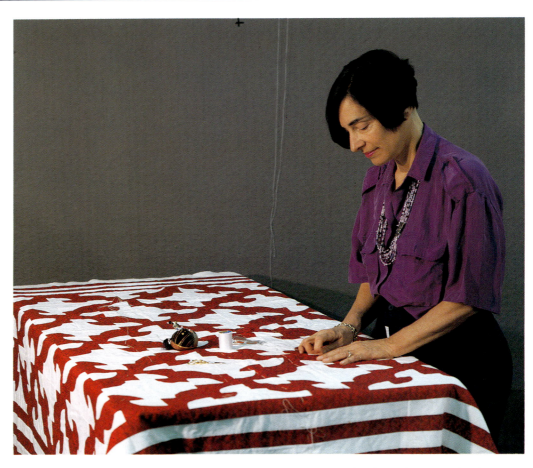

Diana Leone heftet Quiltlagen zusammen. Das Quilttop „Drunkard's Path" („Drunkards Weg") wurde von Corinne Lorentzen genäht.

Die Schwerkraft hält die drei Lagen zusammen – Feststecken mit Stecknadeln ist nicht notwendig. Falls das Quilttop kleiner als der Tisch ist, befestigen Sie die Quiltrückseite mit Kreppband am Tisch. Im umgekehrten Falle hängen Teile des Quilts am Tisch herunter.

Der Teil des Quilts, der auf dem Tisch liegt, kann geheftet werden. Wenn ein Teil geheftet ist, ziehen Sie den Quilt weiter und heften den nächsten Abschnitt. Heften ist sehr viel leichter, wenn man es nicht allein machen muß – vielleicht kennen Sie einen Quiltbegeisterten, der mithilft!

Kennzeichnen Sie auf beiden Tischseiten die halbe Tischbreite. Kennzeichnen Sie ebenso die Hälfte der drei Quiltlagen.

Legen Sie den Rückseitenstoff mit der linken Seite nach oben auf den Tisch. Der markierte Punkt auf dem Stoff muß mit dem markierten Punkt auf dem Tisch übereinstimmen. Überprüfen Sie, ob der Stoff wirklich glatt und absolut faltenfrei auf dem Tisch liegt. Beim Heften können Sie nicht unter den Quilt langen, um eventuelle Falten zu glätten.

Zentrieren Sie das Füllmaterial vorsichtig auf dem Rückseitenstoff.

Jetzt legen Sie das Quilttop, rechte Seite nach oben, auf das Füllmaterial. Überprüfen Sie, ob alle markierten Punkte auf gleicher Höhe liegen. Wenn Sie Hilfe haben: sie sollte den Rückseitenstoff an einer Seite des Tisches festhalten. Sie ziehen nun ganz sanft und vorsichtig auf der anderen Seite, um ihn wirklich glatt und faltenlos zu bekommen. Streichen Sie nicht mit den Händen über das Quilttop - das ergibt unter Umständen Falten auf der Rückseite, die Sie nicht sehen können.

Nachdem die Rückseite glatt ist, fangen Sie an zu heften.

TIPS
Befestigen Sie das Quilttop mit Klebeband oder Klammern am Tisch. Eine straff gespannte, glatte Rückseite ist am besten.

Für Maschinenquilten stecken Sie die Lagen am besten mit Sicherheitsnadeln aus nicht rostendem Material zusammen.

ZUSAMMENFÜGEN DES QUILTS • 71

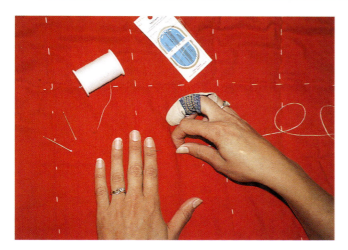

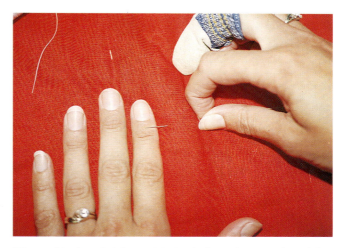

Fädeln Sie sechs oder acht lange Nadeln mit doppeltem Faden ein. Mit dem Faden sollten Sie von der Mitte bis zum Rand des Quilts kommen. Verknoten Sie ein Ende des Fadens. Fangen Sie in der Mitte an zu heften und arbeiten Sie sich zum Rand hin.

Drücken Sie das Quilttop mit der linken Hand nach unten (falls Sie Rechtshänder sind). Schieben Sie die Nadel mit der rechten Hand durch alle drei Quiltlagen und machen Sie einen ca. 1" (2-3 cm) langen Vorderstich.

Heftstiche sind ziemlich lang. Machen Sie zwei oder drei Stiche; dann erst ziehen Sie den Faden in voller Länge durch den Quilt. Der Faden ist doppelt genommen und deshalb stabil genug.

Die vorhin beschriebene Methode ist zeitsparend und für die Arme nicht so ermüdend.

Heften Sie bis zum Rand des Tisches oder, wenn es ein kleiner Quilt ist, bis zum Rand des Quilts.

Falls der Quilt größer als der Tisch ist, lassen Sie die eingefädelte Nadel am Tischende im Quilt. Erst am Rand des Quilts machen Sie einen Rückstich.

Mit der nächsten eingefädelten Nadel fangen Sie eine neue Heftreihe an, ca. 3"- 5" (8 -12 cm) von der letzten entfernt.

Heften Sie wieder bis zum Tischrand und lassen Sie die eingefädelte Nadel im Quilt. Heften Sie den Teil des Quilts, der auf dem Tisch liegt.

Der mittlere Teil des Quilts ist nun geheftet. Ziehen Sie den Quilt vorsichtig weiter. Der Teil, der herunterhing, liegt jetzt auf dem Tisch. Mit den bereits eingefädelten Nadeln arbeiten Sie weiter - entweder wieder bis zum Tischende oder bis zum Quiltrand.

Am Rand des Quilts arbeiten Sie einen Rückstich. Schneiden Sie den Faden ab. Heften Sie den ganzen Quilt in senkrechten und waagrechten Reihen. Wenn Sie fertig sind, drehen Sie den Quilt um und schauen, ob die Rückseite faltenfrei ist. Falls doch ein paar Falten entstanden sind, entfernen Sie den Faden und heften noch einmal.

Den Überhang von der Rückseite schlagen Sie nach vorne und heften ihn an den Rand des Quilttops. Während Sie quilten, fransen die Stoffränder nicht aus und das Füllmaterial bleibt, wo es ist.

Überflüssiges Füllmaterial und überstehender Rückseitenstoff wird nach dem Quilten abgeschnitten.

Quilten

Das Quilttop ist mit dem Quiltmuster markiert, mit Füllmaterial und Rückseitenstoff zusammengeheftet – endlich ist es soweit: es kann gequiltet werden!

Quilten ist das Zusammennähen der drei Quiltlagen von Hand oder mit der Maschine. Das Quiltmuster betont und unterstreicht die Schönheit des Quilttops. Die primäre Funktion von Quiltstichen ist das zuverlässige Zusammenhalten von Quilttop, Füllmaterial und Rückseite. Ein weiterer, ebenso wichtiger Aspekt des Quiltens ist Gestaltung und Aufbau des Quiltmusters.

Quilten ist die Belohnung für das Zusammennähen der Blöcke. Mit dem Musterquilt können Sie eine Vielzahl von Quilttechniken ausprobieren. Versuchen Sie unterschiedliche Nadeln, Fäden, Garnfarben, Fingerhüte, Muster und Quiltrahmen. Im Laufe der Arbeit wird sich herausstellen, mit welchen Werkzeugen Sie am liebsten arbeiten.

Es gibt eine ganze Menge zum Handquilten zu sagen. Es ist vor allem wichtig, daß Sie sich wirklich Zeit nehmen. Arbeiten Sie an einem Quilt, der Ihnen am Herzen liegt. Man mag es nicht glauben – aber Quilten beruhigt. Um einen herum entsteht friedvolle Stille. Der fertige Quilt ist etwas Einmaliges und sehr Wertvolles.

Es gibt unzählige Gründe, warum Handquilten die Mühe wert ist. Falls Sie aber keine Zeit oder keine Neigung dazu haben – jedes Projekt kann auch mit der Maschine gequiltet werden.

Falls Sie mit der Maschine quilten wollen – lernen Sie es richtig. Ein Quilt ist groß, schwer und unhandlich. Beim Maschinenquilten muß immer die Hälfte des Quilts ganz eng und fest zusammengerollt sein, um unter den Maschinenarm zu passen. Maschinenquilten geht schneller, aber es ist anstrengende Arbeit, wenn es sich um einen großen Quilt handelt. In meinem Buch „Fine Hand Quilting" („Die Kunst des Handquiltens"), ist das Handquilten genau beschrieben. (Siehe Bibliographie).

Was brauchen Sie?

Quiltrahmen:	rund, oval oder viereckig
	mit oder ohne Ständer
	Rahmen in Quiltgröße mit Ständer oder an der Zimmerdecke befestigt.
Nadeln:	Betweens in den Größen 9, 10 oder 12
Faden:	100% Baumwolle oder baumwollüberzogener Polyesterfaden
Fingerhut:	1 oder 2 Leder- oder Metallfingerhüte,
Scheren:	klein, scharf und mit abgerundeten Scherenblättern
Kreppband:	¼ Inch (0,75 cm) breit oder breiter
Weitere Zutaten:	Handbalsam, Bienenwachs, Nadelkissen, Nadelholer oder ein kleiner Ballon, Nadeleinfädler, Hansaplast für den Finger unter dem Quilt
Gute Lichtquelle:	Falls Sie einen Rahmen verwenden:
	Die Lichtquelle sollte über Ihrer linken Schulter sein, wenn Sie Rechtshänder sind, über der rechten Schulter, wenn Sie Linkshänder sind.

Einen bequemen Stuhl und den Quilt

Handquilten

Für das Handquilten gibt es die verschiedensten Methoden. Jede Technik hat ihre Vorteile, aber auch ihre Grenzen. Arbeiten Sie mit unterschiedlichen Methoden, lernen Sie verschiedene Techniken. Sie werden sicher eine finden, die für Sie ideal ist.

Wie schon erwähnt - es gibt sehr viele Quiltrahmen und -reifen. Vielleicht quilten Sie auch ohne Rahmen. Ein ordentlich gehefteter Quilt kann mit jeder gewünschten Methode gequiltet werden.

Wenn der Quilt in einen Rahmen gespannt ist, kann er leicht transportiert werden. Sie können den Quilt auch in jede Richtung drehen und deshalb auch in jede Richtung quilten. Für die meisten Quiltneulinge ist es schwierig, den Daumen der haltenden Hand nicht zu benutzen. Damit die Hände für das Quilten frei sind, stützen Sie den Rahmen auf einen Tisch oder etwas ähnlich stabiles auf. Quilten ohne Rahmen verursacht die geringsten Transportprobleme. Es kann aber auch sehr ermüdend sein, größere Teile des Quilts in einer Hand zu halten.

Für die Farbe des Quiltgarns haben Sie verschiedene Möglichkeiten:
- wenn die Quiltstiche sichtbar sein sollen, nehmen Sie kontrastfarbiges Garn
- wenn die Quiltstiche lieber nicht so sichtbar sein sollen, nehmen Sie Farben, die im Quilt vorkommen.

Sie können bei einem Quilt mit mehreren Garnfarben arbeiten; ich habe in einem Quilt über zwanzig verschiedene Farben verwendet.

Legen Sie die Mitte des Quilts über den Quiltrahmen. Befestigen Sie den Quilt mit einem Ring oder den „Snaps". Justieren Sie die Spannung nach Gefühl. Manche kommen mit ganz fest gespannten Quilts am besten zurecht, andere mögen es ein bißchen lockerer. Wachsen Sie den Faden, stecken Sie den Fingerhut auf den Mittelfinger und setzen Sie sich bequem hin. Achten Sie auf gutes Licht. Quilten Sie von der Mitte des Quilts nach außen, von rechts nach links, in jedem Falle aber zu sich hin. Drehen Sie den Rahmen nach Bedarf.

Das Resultat beim Handquilten sollten gerade, gleichmäßige Stiche sein. Die Stichlänge und der Raum zwischen den einzelnen Stichen ist idealerweise gleich groß. Wie groß bzw. lang die Stiche sind, sollte Sie am Anfang nicht so sehr beunruhigen. Wichtiger ist, daß die Stiche gerade sind, kleiner werden sie nach einiger Zeit von selbst. Für Anfänger sind etwa fünf bis sechs sichtbare Stiche auf ca. 2 $\frac{1}{2}$ cm sehr gut. Konzentrieren Sie sich auf die Stiche, daß Sie sie gerade machen und wie Sie sie machen. Der Erfolg kommt mit der Übung. Lassen Sie die ersten Stiche, wie sie sind. Wenn Sie sie immer wieder auftrennen, werden Sie nie fertig.

Quilten mit einem Quiltrahmen heißt leider auch, daß Sie mit dem Daumen der haltenden Hand nicht arbeiten können. Das ist etwas frustrierend und sehr ungewohnt. Lassen Sie sich Zeit und üben Sie. Der Zeigefinger unter dem Quilt wird von der scharfen Nadel leicht gepiekst. Sie können den Finger auch mit etwas Hansaplast oder ähnlichem schützen. Die Nadel wird von diesem Finger wieder in Richtung Quilt gedrückt. Nach einer Weile wird sich auf diesem Finger Hornhaut bilden. Einige Quilter benutzen auch für diesen Finger einen Metallfingerhut. Michael James beschreibt diese Methode in seinem Buch „The Quiltmakers Handbook" (siehe Bibliographie).

Der Quiltstich ist ein ganz simpler Vorderstich - ich sage aber nicht, daß er leicht zu arbeiten ist. Für einen Quiltneuling ist es sicher ungewohnt, eine kurze Nadel zu halten und mit einem Fingerhut zu arbeiten; der Rahmen mit dem schweren Quilt behindert Sie vermutlich und den Daumen kann man auch nicht benutzen! Aber geben Sie nicht auf – das Ergebnis macht die Anstrengung wett.

TIP
Lösen Sie die Spannung am Rahmen, wenn Sie die Arbeit unterbrechen. Der fest gespannte Rahmen kann Spuren auf dem Quilt hinterlassen.

Einfädeln der Nadel

 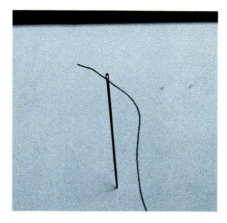 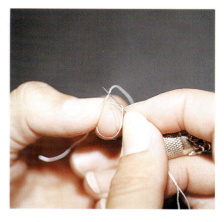

Fädeln Sie die Nadel ein, solange der Faden noch auf der Garnrolle ist. Schneiden Sie das lose Ende des Fadens in einem leichten Winkel ab, bevor Sie den Faden einfädeln.

Wenn Sie keinen Nadeleinfädler verwenden, stützen Sie Ihre Ellbogen auf dem Tisch auf.

Halten Sie den Faden 1 cm vor Fadenende in Ihrer rechten Hand. Halten Sie das Nadelöhr über ein Stück weißes Papier oder etwas anderes Helles, damit Sie es gut sehen können. Halten Sie die Nadel in der linken Hand. Schieben Sie den Faden in das Nadelöhr.

Wickeln Sie etwa 45 cm von der Garnrolle ab. Bei dieser Länge verknotet sich das Garn nicht so leicht und wird auch nicht dünn. Schneiden Sie den Faden ab. Für das Quilten verwenden Sie den Faden nur einfach. Machen Sie einen Knoten an das gerade abgeschnittene Ende.

Wachsen des Fadens

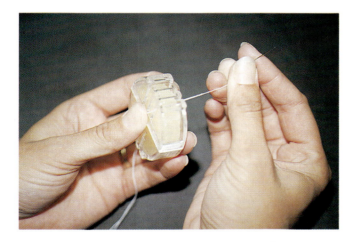 

Die meisten guten Quiltgarne haben einem Überzug, der sie leicht durch den Stoff gleiten läßt. Trotzdem empfehle ich, den Faden zu wachsen. Er verdreht sich nicht so leicht, bildet keine Knötchen und bleibt sauber. Es hilft nichts - durch die dauernde Berührung wird der Faden nicht sauberer. Das Wachs hält den Staub o.ä. auf der Oberfläche des Fadens. Beim Waschen werden die Schmutzpartikel dann leicht entfernt.

Der Faden franst aus, wenn Sie die Nadel mit der Seite des Fingerhuts in den Quilt schieben; benutzen Sie lieber die Spitze. Ziehen Sie die Nadel etwas weiter, je nachdem, wieviel Faden Sie verbrauchen. Wachsen Sie die beschädigte Stelle, um sie zu reparieren. Das eine Ende wird durch den ständigen Gebrauch ausfransen, schneiden Sie es gelegentlich nach.

Der Quiltstich

Die Quilthand (die rechte Hand, wenn Sie Rechtshänder und die linke, wenn Sie Linkshänder sind) ist auf der Oberseite des Quilts. Die Nadel wird mit Daumen und Zeigefinger gehalten und mit dem Fingerhut des Mittelfingers geschoben. Die „Unterhand" ist unter dem Quilt. Der Zeigefinger oder Mittelfinger stoppt die Nadel und schiebt sie zurück in den Quilt. Sie brauchen also beide Hände für den Quiltstich.

Gehen Sie mit der Nadelspitze ca. ½ Inch (1-2 cm) vor Ihren „Startpunkt". Schieben Sie die eingefädelte Nadel nun zwischen die Lagen; sie kommt an Ihrem Startpunkt wieder an die Oberfläche. Ziehen Sie sanft am Faden, um den kleinen Knoten durch das Quilttop zu „poppen" und im Füllmaterial zu verstecken.

Wenn sich der Knoten allzu leicht durchziehen läßt, machen Sie ihn ein bißchen größer. Im umgekehrten Fall rubbeln Sie mit Ihrem Fingernagel über den Knoten.

Sie halten die Nadel mit dem Daumen und Zeigefinger Ihrer Schreibhand. Die Nadelspitze ist etwas (ca. ½ Inch/ 1,5 cm) vor Ihrem Startpunkt. Ziehen Sie die Spitze zum Startpunkt zurück und stechen Sie in den Quilt.

Stechen Sie mit der Nadelspitze durch den Quilt, bis Sie sie mit dem Mittelfinger Ihrer Unterhand die Nadelspitze spüren. Durch die Vertiefungen im Fingerhut können Sie die Nadel sicher führen. Der Nadelstich sollte Ihren unteren Mittel- oder Zeigefinger kaum berühren.

Der Unterfinger bewegt sich jetzt in Stichrichtung und schiebt die Nadelspitze in den Quilt zurück wieder zur Vorderseite. Auf der Rückseite ist ein Stich zu sehen.

Schieben Sie die Nadel mit dem Fingerhut am Mittelfinger vollständig durch die Quiltlagen und ziehen Sie sie an der Nadelspitze mit Daumen und Zeigefinger heraus. Auf Vorder- und Rückseite ist nun je ein Stich.

Wiederholen Sie diesen Vorgang und machen Sie so einen Stich nach dem anderen. Ziehen Sie nur leicht am Faden. Er sollte ein kleines bißchen in den Stoff sinken, aber den Stoff nicht kräuseln.

Üben Sie nun diese Quiltmethode, bis Sie mit Werkzeugen und Technik einigermaßen zurechtkommen.

Mehrere Quiltstiche auf einmal

Zwei oder mehrere Quiltstiche auf die Between-Nadel zu „laden", ist eine zeitsparende und akkurate Quiltmethode. Diese Mehrfach-Stich-Technik nenne ich gerne „Rock-'n'-Roll-Stiche". Wieviele Stiche Sie auf eine Nadel bringen, hängt von verschiedenen Faktoren ab wie Stichlänge, Dicke des Quilts, und ob Sie eine gerade oder kurvige Linie quilten. Vier bis fünf Stiche füllen die Nadel normalerweise bei einem 1/2 Inch (1,5 cm) dicken Quilt. Wenn die Quiltlinie sehr stark gekurvt ist, bringt man manchmal auch nur zwei Stiche auf die Nadel. Auf geraden Linien kann man mehr Stiche auf die Nadel nehmen – passen Sie aber auf, daß Sie genügend „Nadel" zum Halten und Ziehen haben.

Der erste Stich wird wie ein Einzelstich gearbeitet – Sie ziehen lediglich die Nadel nicht ganz durch das Quilttop. Das Nadelöhr ist in einer Vertiefung des Fingerhutes; die Nadel wird auf diese Weise geführt. Sie schieben die Nadel nach oben, senkrecht zur Quiltoberfläche. Die Nadel steckt wieder nur knapp im Quiltstoff.

Stechen Sie mit der Nadel durch die Quiltlagen, bis Sie die Nadelspitze an ihrem Unterfinger spüren, die Nadelspitze ist ca. 2 mm außerhalb des Quilts. Mit dem Unterfinger schieben Sie nun die Nadelspitze mit festem Druck wieder nach oben. Die Nadelspitze schaut nur in Stichlänge heraus.

Wiederholen Sie nun diese „Rock-'n'-Roll"-Bewegung, bis die Nadel voll ist.

Wenn die Nadelspitze an der Oberfläche auftaucht, halten Sie das Nadelöhr mit den Vertiefungen an der Seite oder der Oberseite des Fingerhutes fest und bewegen die Nadel so senkrecht wie möglich in einem Bogen nach oben und schieben die Nadelspitze wieder in den Quilt. Der Daumen der Oberhand drückt den Quilt direkt vor der Nadelspitze leicht nach unten.

Wiederholen Sie diese Schritte ca. 4 - 5 Stiche lang, bis die Nadel voll ist. Machen Sie die Nadel nicht zu voll, sonst können Sie die Nadelspitze sehr schlecht halten und ziehen.

Schieben Sie die Nadel mit Hilfe des Fingerhutes durch das Quilttop, fassen Sie die Nadelspitze eventuell mit einem kleinen Ballon oder Nadelgreifer und ziehen Sie die Nadel vollständig heraus. Ziehen Sie den Faden nur so fest an, daß die Stiche etwas in die Oberfläche sinken, aber keine Fältchen oder Beulen bilden. Die Stiche auf der Rückseite schauen vielleicht ein bißchen ungleich, kurz und verwackelt aus. Das passiert, wenn die Nadel parallel zum Quilt oder in einem flachen Winkel in den Quilt sticht. Je senkrechter Sie mit der Nadel einstechen, um so gleichmäßiger und länger werden die Stiche auf der Rückseite.

Fadenende

Wenn Sie nur noch 6 Inch (15 cm) Faden übrig haben, sollten Sie den Faden vernähen. Vor Ihrem letzten Quiltstich machen Sie einen kleinen Knoten.

Halten Sie den Faden mit der linken Hand gerade nach oben. Mit der rechten Hand halten Sie die Nadel, führen sie im Uhrzeigersinn um den Faden und bilden dadurch eine Schlaufe. Die Schlaufe ziehen Sie nun bis knapp oberhalb des Quilttops. Halten Sie die Schlaufe mit dem Zeigefinger.

Ein kleiner Knoten wird sich bilden und Sie haben immer noch genügend Faden für den letzten Quiltstich.

Der Knoten läßt sich aber noch auf andere Art knüpfen. Stechen Sie mit der Nadelspitze innerhalb der Schlaufe dicht nach Ihrem letzten Stich ein. Ziehen Sie am Faden, und der Knoten ist oberhalb des Quilttops.

Schieben Sie die Nadel zwischen die Quiltlagen. Tauchen Sie ca. 1/2 Inch (1,5 cm) nach Ihrem letzten Stich wieder auf und ziehen Sie am Faden, bis der Knoten im Füllmaterial verschwunden ist. Ich mache keinen Rückstich. Schneiden Sie den Faden mit einer gerundeten Schere ab.

Zwei-Fingerhut-Technik

Diese Technik sollten Sie wirklich lernen und ausprobieren. Man quiltet sehr schnell, die Stiche sind klein, und der Unterfinger wird nicht wundgestochen. Der untere Fingerhut schiebt die Nadel wieder zurück nach oben.

Michael James führte diese Technik 1975 ein. Versuchen Sie es einmal mit dieser Methode, und Sie werden bald ein Könner auf diesem Gebiet sein.

Quilten an der Nahtlinie (=Stitch in the ditch)

Man nennt es auch „Quilten im Nahtschatten". Der Saum wird durch das Quilten dicht an der Naht nach unten gehalten. Für einen Musterquilt ist das eine ausgesprochen passende Art zu quilten. Es geht schnell und eignet sich gut zum Ausprobieren verschiedener Techniken. Ein angenehmer Nebeneffekt für Quiltneulinge: Man sieht die einzelnen Stiche nicht besonders gut.

Quilten der Kontur

Quilten im Abstand von knapp 1/4 Inch (0,75 cm) von der Naht heißt man Kontur- oder Umrißquilten, oft auch Echo-Quilten. Es wird neben Patchworknähten und im Hintergrund von Applikationsmotiven gearbeitet; die einzelnen Formen der Motive werden wie ein Echo wiederholt. Echo-Quilten ist die traditionelle Methode des hawaiianischen Quiltens.

Quilten durch Nahtzugaben - der Stocherstich (Poke & Stab Stitch)

Vermeiden Sie so gut wie möglich, innerhalb von fühlbaren Nahtzugaben zu quilten. Manchmal hat man aber keine andere Wahl. Wenn es wirklich sein muß – verwenden Sie in diesem Fall den „Stocherstich".

Er ist dem Einzelstich ähnlich. Die Nadel wird senkrecht zur Oberfläche in den Quilt gestochen und auf der Rückseite vollständig herausgezogen. Stechen Sie nun von der Rückseite nach oben. Ziehen Sie mit einem Nadelgreifer oder einem kleinen Ballon an der Nadel. Es ist ein bißchen problematisch, den Quilt zu drehen, um die richtige Stelle zu finden.

Versuchen Sie die Stiche auf der Rückseite einigermaßen gerade zu nähen.

Um zu „sehen", wo man die Nadel auf der Rückseite einstechen soll, hält man die Nadelspitze ca. 1 Inch (2,5 cm) vom letzten Stich entfernt. Drücken Sie nun die Spitze fest gegen die Rückseite und ziehen Sie in Richtung des letzten Stiches. Sie sehen (oder fühlen) die Nadel auf der Vorderseite „wandern". An der gewünschten Stelle stechen Sie mit der Nadel nach oben durch. Ziehen Sie an Nadel und Faden und machen Sie den nächsten Stich.

Kreppband als Quiltlinie

Verwenden Sie ein ca. 1/4 Inch (0,75 cm) breites Kreppband als leicht zu entfernende Quiltlinie. Das Kreppband ist bei geraden langen Linien besonders gut zu gebrauchen. Sie können es direkt neben einer Naht befestigen, neben einer bereits gequilteten Linie – einfach überall auf dem Quilt. Besonders praktisch ist Kreppband auf gemusterten und dunklen Stoffen. Gezeichnete Linien sieht man auf diesen Stoffen oft nicht besonders gut.

Legen Sie das Kreppband dicht an die Naht und quilten Sie auf der anderen Seite des Kreppbandes. Wenn Sie am Ende des Bandes sind, entfernen Sie es und „schieben" es weiter. Lassen Sie das Kreppband aber nicht über Nacht auf dem Quilt. Möglicherweise bleiben doch Kleberrückstände auf dem Stoff. Ein besonders flexibles Kreppband für geschwungene Linien ist mittlerweile erhältlich.

Mäander-Quilten

Von Hand gesteuertes Quilten ohne spezielle Formen wird besonders beim Maschinenquilten verwendet.

Quilten von Zwischenstreifen, Umrandungen und Rückseiten

Quiltmuster sind wesentlich besser auf einfarbigem Stoff zu sehen. Auf gemusterten oder kontrastreichen Drucken fallen sie weniger auf. Um Ihre Quiltarbeit besonders hervorzuheben, verwenden Sie lieber einfarbige oder Ton-in-Ton gemusterte Stoffe für Zwischenstreifen und Umrandung.

Rand

Quilten Sie mit oder ohne Rahmen bis zum Rand. Wenn Sie einen runden Rahmen verwenden, nähen Sie ein Stück Stoff an den Rand. Der Quiltrahmen wird dann ausgefüllt, und der Quilt läßt sich leichter spannen. Ich verwende rechteckige Q-Snap-Rahmen entlang des Randes.

Entfernen von Heftstichen

Schneiden Sie zuerst alle Rückstiche vorsichtig auf, ziehen Sie dann am Knoten und entfernen Sie den Heftfaden in kompletter Länge. Mit einer kleinen, abgerundeten Schere schneide ich jetzt auch alle herumhängenden Quiltfäden ab. Begradigen Sie auch die Ränder des Quilts – Ihr Quilt soll so rechtwinklig wie möglich werden. Verwenden Sie ein Winkellineal für die Ecken und ein langes Lineal an den Rändern. Nähen Sie mit der Maschine ca. 1/8 - 1/4 Inch (3 - 6 mm) innerhalb des Randes um den ganzen Quilt herum.

Praktische Tips

- Halten Sie die Nadel parallel zur Quiltrichtung, wenn Sie in die Quiltlinie einstechen. Die Stiche werden dann gerader.
- Stechen Sie immer senkrecht in den Quilt – bei schräg gehaltenen Nadeln verknotet sich der Faden leichter, und schiefe Stiche sind das Resultat.
- Quilten Sie mit mehreren eingefädelten Nadeln in verschiedene Richtungen. Lassen Sie die eingefädelte Nadel am Rand des Rahmens. Spannen Sie das nächste Stück des Quilts und machen Sie mit der eingefädelten Nadel weiter.
- Wenn etwas Füllmaterial mit dem Faden herauskommt, haben Sie entweder zu viel Wachs verwendet, oder das Material ist nicht geharzt.
- Verwackelte Stiche fallen in geraden Linien mehr auf. Kurven tarnen wackelige Stiche ausgezeichnet.
- Um einen verdrehten Faden zu retten: Stoppen Sie immer nach ein paar Stichen, und lassen Sie die Nadel nach unten hängen. Der Faden dreht sich dann aus.

- Schauen Sie gelegentlich vom Quilt auf, um eine Überanstrengung der Augen zu vermeiden. „Hören" Sie fern und schauen Sie hin und wieder auf das Bild. Hören Sie sich Bücher auf Kassette an. Beobachten Sie fallende Blätter oder blühende Blumen – aber richten Sie Ihre Augen zwischendurch auf etwas anderes als den Quilt.
- Ich lasse immer eine eingefädelte Nadel in meiner Arbeit. Es ist ein Teil meiner Ganzheitsphilosophie: Ich kann meine Arbeit jederzeit aufnehmen und weitermachen.
- Fädeln Sie am Morgen viele Nadeln ein. Man freut sich mehr auf das Quilten (oder jede andere Näharbeit), wenn der unangenehmste Teil schon erledigt ist.
- Wenn die Kante eines Metallfingerhutes an das Nadelöhr scheuert, wird der Faden dünn und reißt. Schieben Sie die Nadel immer mit der Oberseite des Fingerhutes an.

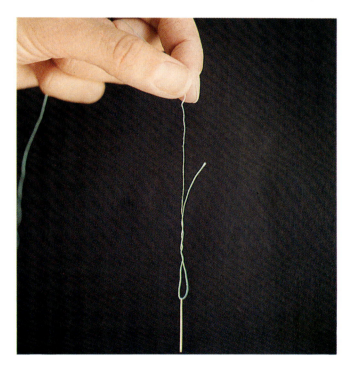

- Um Maschinennähte aufzutrennen, schieben Sie die Spitze des Trennhakens auf einer Seite der Naht unter jeden dritten Stich. Ziehen Sie den Trennhaken nach oben, bis der Stich durchgetrennt ist. Ziehen Sie nun den Faden auf der anderen Seite heraus.

Fertigstellung

Einfassen der Quilträner

Jetzt ist der Quilt bald fertig. Für das Einfassen verwende ich ein auf die Hälfte gefaltetes Schrägband. Kurvige Ränder lassen sich am besten mit einem Schrägband einfassen, weil es sich leicht um die Kurven herumlegen läßt.

Verwenden Sie für das Schrägband das gleiche Material wie für das Quilttop. Es wird als fortlaufender Streifen zugeschnitten. Ein ca. 2 1/2 Inch (6-7 cm) breiter Streifen ergibt, gefaltet und angenäht, eine gut 1/2 Inch (ca. 1 cm) breite Einfassung auf Vorder- und Rückseite. Diese Breite ist für die meisten Quilts passend. Das Schrägband wird links auf links in die Hälfte gefaltet und gebügelt. Die offenen Kanten werden mit der Nähmaschine auf die Quiltvorderseite gesteppt. Die gefaltete Kante wird auf der Rückseite mit der Hand angenäht. Verwenden Sie dazu den Blindstich und einen farblich passenden Faden.

Um ein sog. endloses Schrägband zu erhalten, schneiden Sie ein Stoffquadrat zu. Die Technik wird im folgenden erläutert. Sie erhalten von einem 70 cm-Quadrat ca. 8 m Schrägband, von einem 90 cm-Quadrat ca. 11 m, von einem 110-Quadrat ca. 14 m, von einem 150 cm-Quadrat ca. 18 m. Die Breite des Schrägbandes ist in allen Fällen ca. 7 cm.

Das Schrägband wird aus einem Quadrat zugeschnitten:

Ein Quadrat von
3/4 yd ergibt   9 yd (70 cm ergibt 8 m)
  1 yd ergibt 12 yd (90 cm ergibt 11 m)
1 1/4 yd ergibt 16 yd (110 cm ergibt 14 m)
1 3/4 yd ergibt 21 yd (150 cm ergibt 18 m)

Schneiden Sie die Schrägbänder vor dem Anbringen auf die gewünschte Länge zu.

1. Diagonales Halbieren des Quadrates

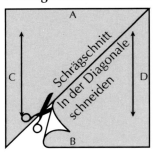
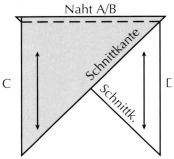

Markieren Sie die Seiten des Quadrates in der Nahtzugabe auf der linken Seite mit A, B, C und D. Falten Sie das Quadrat in der Diagonale. Schneiden Sie es entlang der Diagonale auseinander. Legen Sie die Seiten A und B rechts auf rechts zusammen; lassen Sie die Spitzen gut 1/2 Inch (ca. 1 cm) überstehen. Nähen Sie A und B mit gut 1/2 Inch (ca. 1 cm) Nahtzugabe zusammen. Bügeln Sie die Naht offen.

2. Messen und Markieren der gewünschten Breite

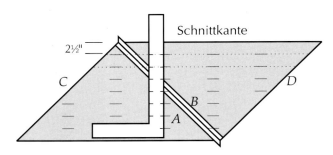

Auf der linken Seite des Stoffes zeichnen Sie nun Streifen in der von Ihnen gewünschten Breite. Soll das Schrägband 7 cm breit sein, markieren Sie parallel zur Schnittkante in jeweils 7 cm Abstand eine Linie.

3. Nähen des Schlauchs

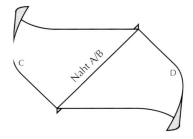
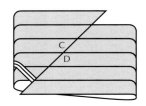

Drehen Sie nun den Stoff um, die rechte Seite liegt jetzt oben. Legen Sie die Seiten C und D aneinder, wie auf der Zeichnung. Die markierten Linien müssen exakt übereinstimmen.

Stecken Sie nun den C/D-Saum rechts auf rechts zusammen und zwar genau da, wo sich die Linien kreuzen. Nähen Sie nun C und D zusammen, die Nahtzugabe ist ca. 1 cm.

4. Schneiden des „endlosen" Schrägbandes

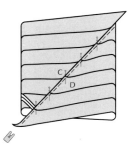

Bügeln Sie die Naht offen. Schneiden Sie das Schrägband an der markierten Linie.

Falten Sie es mit der rechten Seite nach außen auf die Hälfte, und bügeln Sie es vorsichtig, ohne zu dehnen und zu ziehen.

5. Anbringen des Schrägbandes

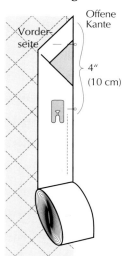

Egalisieren Sie die drei Quiltlagen an den Kanten. Am einfachsten und schnellsten geht es mit Schneidelineal, Schneidematte und dem Rollschneider.

Nähen Sie das gefaltete Schrägband mit der offenen Seite und knapper Nahtzugabe rundherum fest. Stellen Sie Ihre Maschine auf ca. 3 - 4 Stiche pro Zentimeter ein.

Biegen Sie das Schrägband auf die Rückseite des Quilts und stecken Sie es fest. Nehmen Sie nur soviele Stecknadeln, daß sie es einigermaßen halten. Es ist nicht notwendig, es ganz exakt zu stecken, da Sie es beim Ansäumen möglicherweise dehnen und anders legen müssen.

6. Annähen des Schrägbandes

Fangen Sie ungefähr 4 Inch (10 cm) von einer Ecke entfernt an zu nähen. Die Nahtzugabe sollte etwas weniger als die fertige Breite der Einfassung sein. Soll die fertige Einfassung 1 cm breit sein, ist die Nahtzugabe ein knapper Zentimeter. Dehnen Sie das Schrägband während des Nähens nach Möglichkeit nicht.

Beenden Sie die Naht exakt 1 cm vor der ersten Ecke. Drehen Sie am Handrad und ziehen Sie die Nadel aus dem Stoff.

7. Diagonale Ecken auf der Vorderseite.

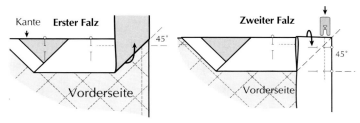

Um den ersten Falz zu bilden, drehen Sie den Quilt ein Viertel entgegen dem Uhrzeigersinn. Falten Sie das Schrägband in einem 45°-Winkel.

Für den zweiten Falz wird das Schrägband nach unten gelegt und bildet mit der oberen Kante eine Linie. Richten Sie das Schrägband exakt an den Kanten des Quilts aus. Nähen Sie nun vom oberen Ende bis zur nächsten Ecke.

Wiederholen Sie dieses Verfahren bei allen Ecken.

8. Abschluß

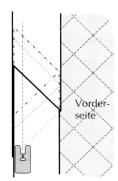

Legen Sie das noch nicht festgenähte Ende über das andere Ende. Schneiden Sie nur soviel ab, daß Sie es gut in das untere, gefaltete Schrägband stecken können (=2-3cm). Schneiden Sie das Schrägband im 45°-Winkel ab.

Stecken Sie nun das noch nicht festgenähte Schrägbandteil in das andere Schrägbandteil. Nähen Sie beide Teile zusammen auf den Quilt.

Überprüfen Sie nun noch einmal die Breite und schneiden Sie gegebenenfalls überstehende Teile ab.

9. Diagonale Ecke auf Vorder- und Rückseite

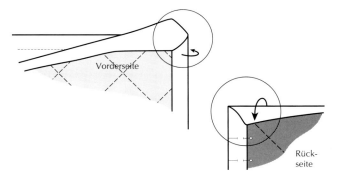

Schlagen Sie die gefaltete Kante nach hinten. Ziehen Sie die Ecke zu einem 90°-Winkel.

Die diagonale Ecke bildet sich durch das Umschlagen auf der Rückseite praktisch von selbst. Stecken Sie die Ecke fest. Die Maschinenstiche sollten jetzt unter dem Schrägband sein.

10. Ansäumen des Schrägbandes

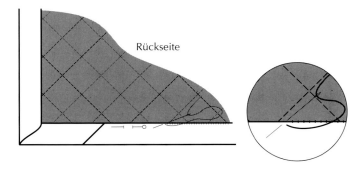

Nähen Sie das Schrägband mit Blindstichen fest. Bei den Ecken nähen Sie von innen nach außen zur Ecke und wieder zur gefalteten Kante zurück.

Nachdem das Schrägband angenäht ist, bügeln Sie die Einfassung ganz leicht.

Signieren des Quilts

Nachdem Sie soviel Zeit und Mühe auf Ihren Quilt verwendet haben, sollten Sie ihn auch signieren. Wenn Sie den Quilt genäht und gequiltet haben, quilten Sie Ihren Namen hinein. Falls Sie nur das Top genäht haben, sticken Sie Ihren Namen auf die Vorderseite des Quilts.

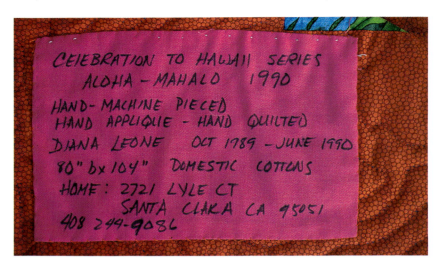

Namen und Datum vermerken Sie, wo immer es Ihnen passend erscheint. Sie können auch alle Informationen auf ein Stück Musselin schreiben. Entweder Sie spannen es in die Schreibmaschine und tippen alles Wichtige über den Quilt, oder Sie schreiben mit einem wasserfesten Filzstift. Dieses Label nähen Sie dann in eine untere Ecke auf der Quiltrückseite. Einen Quilt kann man mit den verschiedensten Methoden signieren, einige sind allerdings sehr aufwendig. Zu diesem Thema gibt es auch Bücher – falls Sie daran interessiert sind.

Reinigen des Quilts

Einen Bett-Quilt sollten Sie mindestens einmal im Jahr (oder öfter) per Hand oder in der Waschmaschine waschen.

Ein Quilt kann vorsichtig in der Waschmaschine gewaschen werden, wenn er gut genäht und gequiltet ist. Für einen Wandbehang genügt es, ihn gelegentlich mit dem Staubsauger abzusaugen. Verwenden Sie den Bürstenzusatz und halten Sie ihn ein bißchen vom Quilt entfernt.

Chemische Reinigung ist für Baumwollquilts nicht unbedingt zu empfehlen. Wenn Sie Ihren Quilt in eine chemische Reinigung oder eine Wäscherei geben, sollten Sie die genaue Behandlung vorher absprechen. Einige Firmen haben ein Trockengestell, auf dem der Quilt liegt und durch die Luftzirkulation trocknet. Das kann unter Umständen nicht ganz billig sein, ist aber für den Quilt ideal.

Maschinenwäsche

Quilts, die in den letzten zehn Jahren hergestellt wurden, können nahezu unbedenklich in der Waschmaschine gewaschen werden. Falls Sie offene Nähte und zerissene oder beschädigte Stellen entdecken, sollten Sie sie vor dem Waschen reparieren.

Ich empfehle aber, das Waschmittel vor dem Waschen zu testen. Tupfen Sie etwas verdünntes Waschmittel auf den Quilt. Wenn sich die Farbe verändert oder auf ein Handtuch abfärbt, versuchen Sie es mit einem milderen Produkt. Phosphatfreie Feinwaschmittel sind ziemlich sicher.

Waschen Sie den Quilt im Schongang. Falls Sie den Quilt im Wäschetrockner trocknen wollen, stellen Sie den Trockner auf „Kaltluft" ein (oder eine sehr niedrige Temperaturstufe). Geben Sie mit dem Quilt ein großes, trockenes Badetuch in den Trockner. Das Badetuch wirkt als Puffer und absorbiert die Feuchtigkeit. Der Quilt trocknet auf diese Weise sehr schnell.

Überprüfen Sie etwa alle zehn Minuten, wie trocken der Quilt schon ist. Nehmen Sie ihn noch leicht feucht aus dem Trockner. Breiten Sie Badetücher überlappend auf dem Boden aus. Schütteln Sie den Quilt aus, legen ihn auf die Badetücher und lassen Sie ihn bei Zimmertemperatur vollständig trocknen. Gut ist es, wenn der Quilt auf der Wäscheleine noch etwas auslüften kann.

Handwäsche

Manche Blöcke wirken nach der Fertigstellung leicht angeschmutzt. Speziell solche mit Handapplikationen brauchen manchmal eine „Sonderbehandlung". Sie werden mit einem Feinwaschmittel vorsichtig mit der Hand gewaschen. Zum Trocknen legen Sie den Block am besten auf einen Wäscheständer, bis er bügeltrocken (=leicht feucht) ist. Legen Sie den Block mit der rechten Seite auf ein Handtuch und bügeln Sie ihn leicht. Danach drehen Sie ihn um, legen ein Bügeltuch darüber und bügeln die Vorderseite. Falls nötig, verwenden Sie die Dampfeinstellung.

Alte Quilts und Quilts, die Ihnen ganz besonders am Herzen liegen, sollten Sie in jedem Fall vorsichtshalber mit der Hand waschen. Dieses Verfahren ist allerdings sehr langwierig und mühsam. Unter Umständen dauert es zwei Tage, einen Quilt einzuweichen, die Lauge auszuspülen und ihn im Freien zu trocknen. Am besten ist es, den Quilt an einem Frühlings- oder Herbstmorgen bei leicht bedeckten Himmel zu trocknen. Aber nun zur Handwäsche:

Füllen Sie die Badewanne mit lauwarmem Wasser. Geben Sie eine Tasse flüssiges Waschmittel in das Wasser. Verwenden Sie kein Wollwaschmittel - es könnte die Stoffe ausbleichen oder leicht gelblich färben.

Legen Sie nun den Quilt in die Badewanne und schwenken Sie ihn einige Minuten. Wiederholen Sie das alle zwanzig Minuten. Lassen Sie den Quilt eine gute Stunde (oder länger) in der Waschlauge. Lassen Sie dann das Wasser ablaufen.

Füllen Sie die Badewanne wieder mit lauwarmem Wasser und schwenken Sie den Quilt hin und her. Falls er noch nicht ganz sauber erscheint, müssen Sie die Einweichprozedur wiederholen.

Lassen Sie das Wasser wieder ablaufen, neues einlaufen und schwenken Sie den Quilt. Das müssen Sie nun so oft machen, bis das Spülwasser völlig klar und ohne Waschmittelrückstände ist. Drücken Sie nun soviel Flüssigkeit wie möglich aus dem Quilt.

Falls Sie einen Garten haben: Legen Sie eine große Plastikplane auf den Rasen und darauf ein Leintuch. Wickeln Sie den nassen Quilt in ein Badetuch, tragen Sie ihn in den Garten und breiten Sie ihn auf dem Leintuch aus. Wenden Sie den Quilt einmal pro Stunde. Wenn es ein sehr sonniger Tag ist, decken Sie den Quilt mit einem Leintuch ab. Wenn es irgendwie möglich ist, lassen Sie den Quilt im Schatten trocknen. Eine weitere Möglichkeit, den Quilt trocken zu bekommen: Hängen Sie ihn über zwei Wäscheleinen. Um das Verfahren zu beschleunigen:

Geben Sie den noch leicht feuchten Quilt mit einem Badetuch für 10 bis 15 Minuten in einen großen Wäschetrockner.

Aufhängen des Quilts

Die einfachste Lösung ist, eine Stoffröhre an die obere Kante des Quilts zu nähen. Durch die Röhre schieben Sie ein ca. 2 Inch (5 cm) breites Brett und nageln die Brettenden an die Wand. Sie benötigen für zwei Streifen von 9 Inch (21,5 cm) Breite und 84 Inch (2 m) Länge etwa ½ m Stoff.

Schneiden Sie 9 Inch (21,5 cm) breite Stoffstreifen zu und nähen Sie sie zusammen. Messen Sie die exakte Breite des Quilts von Kante zu Kante. Schneiden Sie zwei Streifen der passenden Länge zu. Auf der kurzen Seite des Streifens falten Sie 1 cm Stoff nach innen und nähen es mit der Maschine fest. Falten Sie nun den ganzen Streifen auf die Hälfte und nähen Sie die beiden Seiten zusammen. Wenden Sie die Röhre oder bügeln Sie die Nahtzugabe nach hinten.

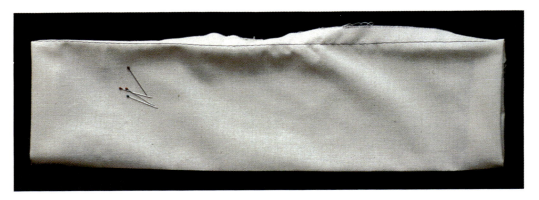

Stecken Sie nun die Röhre mit der Nahtseite knapp unterhalb der Quiltkante fest. Nähen Sie die Röhre an beiden Seiten mit Blindstichen an den Quilt. Sie brauchen ein dünnes (max. 1,25 cm) und 5 cm breites Brett in Röhrenlänge minus 1,5 cm. Bohren Sie auf jeder Schmalseite des

Brettes etwa 1cm vom Rand entfernt ein Loch. Schieben Sie das Brett durch den Stofftunnel. Nageln Sie das Brett entweder an die Wand oder hängen Sie es mit Angelschnüren an Haken in der Decke. Das Brett sollte nicht zu sehen sein.

Aufbewahren des Quilts

Quilts können ohne Bedenken über einen längeren Zeitraum aufbewahrt werden. Wickeln Sie den Quilt mit säurefreiem Seidenpapier oder einem Leintuch über eine Papprolle. Gelagert wird er unter dem Bett oder in einem dunklen Schrank. In einem Haus der Amish habe ich einen Schrank entdeckt, bei dem mehrere Kleiderstangen quer eingebaut waren. 15 bis 20 Quilts konnten so gerollt und mit einem Leintuch umwickelt aufbewahrt werden. Motten und anderes kleines Ungeziefer sollten durch Mottenkugeln o.ä. ferngehalten werden. Verwenden Sie niemals einen Plastiküberzug: die Feuchtigkeit wird gehalten und der Quilt kann schimmeln. Quilts, die immer wieder auf die Hälfte gefaltet werden, können nach einiger Zeit an diesen Stellen schwer zu entfernende Falten bilden. Im schlimmsten Fall bilden sich Risse und Löcher. Falten Sie den Quilt gelegentlich anders herum oder legen Sie ihn ab und zu eine Woche auf ein Bett. Freuen Sie sich über Ihre Quilts. Lassen Sie andere an dieser Freude teilhaben – hängen Sie Ihre Quilts an die Wand, legen Sie sie auf das Bett, leben Sie mit den Quilts.

Was ist ein Quilt wert?

Ich beurteile den Wert von Quilts für Versicherungen und Quiltverkäufer seit mehr als 20 Jahren. Dieses Geschäft ist schwieriger, als es sich anhört. Der Preis wird von verschiedenen Faktoren beeinflußt. Alter des Quilts, die Größe und die Qualität spielen unter anderem eine Rolle. Quilts werden für Versicherungen, Quiltausstellungen und für den Verkauf geschätzt.

Ich urteile nie nach einer Photographie. Möglicherweise ist nur das Foto schlecht und der Quilt schön, oder das Foto ist eine hervorragende Aufnahme und der Quilt sieht darauf besser aus, als er ist. Der Schätzer gibt den tatsächlichen Wiederbeschaffungswert an. Eine Versicherungsgesellschaft wird diesen Wert bezahlen, wenn der Quilt verlorengeht, gestohlen oder beschädigt wird.

Sie haben sicher schon Quilts zum Verkauf gesehen. Dieser Preis ist aber beileibe nicht das Geld, das die Quilterin erhält. Normalerweise wird mit einer Kalkulationsspanne von 40 bis 50% gearbeitet.

Bemühen Sie sich, einen qualifizierten Schätzer für Ihre Quilts zu finden, wie Sie es bei anderen Kunstgegenständen auch tun würden. Fragen Sie bei Quiltläden oder Museen nach oder schreiben Sie mir.

Die Muster

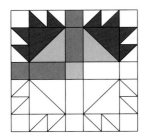

Farbliche Gestaltung

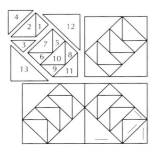

Reihenfolge des Zusammennähens

Grundraster, die in diesem Buch vorkommen

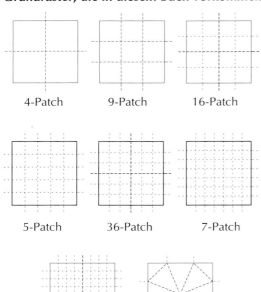

4-Patch   9-Patch   16-Patch

5-Patch   36-Patch   7-Patch

64-Patch   8-zackiger Stern

Wie Sie die Muster verwenden

Farbliche Gestaltung des Blockes

Kopieren Sie das kleine Diagramm in der unteren Ecke der Musterseite. Überlegen Sie sich die Farbkontraste, die Ausgewogenheit der Farben und den Fadenlauf bei der Gestaltung eines Blockes. Ist das Muster mit den ausgesuchten Stoffen wirklich gut sichtbar?
Ein paar hilfreiche Methoden:
- Schattieren Sie das Diagramm mit einem Bleistift in helle und dunkle Flächen
- Malen Sie das Diagramm mit Farbstiften aus
- Kleben Sie kleine Stoffstückchen auf das Diagramm
- Rechnen Sie sich aus, wieviele Stücke Sie von jedem Stoff zuschneiden müssen

Nahtzugabe

Bei Patchworkarbeiten wird generell mit $1/4$ Inch (0,75 cm) Nahtzugabe gearbeitet. Alle Blöcke ergeben ein Quadrat von 12 $1/2$ Inch (31,5 cm) Seitenlänge oder, ohne Nahtzugabe gemessen, 12 Inch (30 cm) Seitenlänge. Für Applikationsblöcke wird das Hintergrundquadrat mit einer Seitenlänge von mindestens 13 Inch (33 cm) zugeschnitten und später auf die gewünschte Größe zurechtgeschnitten.

Schwierigkeitsgrad des Musters

Jedes Muster ist mit seinem Schwierigkeitsgrad gekennzeichnet:

sehr leicht   leicht   mittel   schwieriger

Patchwork

- Übertragen Sie die Teile des Musters auf Schablonenmaterial
- Schneiden Sie ganz exakte Schablonen
- Markieren Sie sehr genau
- Schneiden Sie ebenso exakt zu

Reihenfolge des Zusammennähens

- Nähen Sie die kleinsten Teile zuerst zusammen
- Nähen Sie das kleinste Teil an das nächstgrößere Teil
- Verbinden Sie die genähten Teile zu Einheiten
- Nähen Sie die Einheiten zu Reihen zusammen
- Nähen Sie die Reihen zu einem Block zusammen
- Arbeiten Sie nach der auf jeder Seite vorgegebenen Reihenfolge

Grundraster

Patchworkmuster basieren auf einem mehrfach unterteilten Quadrat. Ein Quadratteil wird „Patch" genannt. Ein großes Quadrat, das in vier kleine geteilt wurde, ist also ein 4-Patch. Bei jedem Muster ist angegeben, wie oft das Grundquadrat unterteilt wurde. Sie können die einzelnen Muster vergrößern oder verkleinern, indem Sie die Quadratgröße ändern.
Oder lesen Sie nach in: „The Big Book of Grids" (Das große Buch über Quiltraster) von C. Anthony und Lehmann. Quiltraster in den gängigsten Unterteilungen und diversen Größen sind darin vorgegeben. Sie brauchen Ihr Muster nur noch einzuzeichnen. Dieses Buch ist in der Bibliographie genannt.

Seitenverkehrte Musterteile

Bei einigen Musterblöcken ist es erforderlich einige Teile seitenverkehrt oder spiegelbildlich zuzuschneiden. Wirklich aufpassen müssen Sie nur bei gemusterten Stoffen, bei Uni-Stoffe drehen Sie die Teile einfach um. Im ersten Fall drehen Sie die Schablone um, legen Sie auf die linke Seite des Stoffes. Markieren und schneiden Sie wie üblich. Legen Sie das Teil an die vorgesehene Stelle des Blockes und überprüfen Sie so seinen „Sitz".

Von den meisten meiner Quilts mache ich eine geklebte Version, bevor ich die Blöcke zuschneide und zusammennähe. Ich kann auf diese Weise das Zusammenspiel der Farben und den Gesamteindruck des Quilts besser sehen. Diese Arbeit ist aber ausgesprochen knifflig und diffizil. Neulinge auf diesem Gebiet arbeiten vermutlich lieber spontan und streichen diesen Teil wahrscheinlich für ihren ersten Quilt.

Fotokopieren Sie das Diagramm auf der nächsten Seite und vergrößern Sie es nach Bedarf. Ich arbeite mit 3 Inch (7,5 cm) großen Einzelblöcken. Schneiden Sie die Kopien auseinander und setzen Sie sie wie vorgegeben zusammen oder entwerfen Sie Ihr eigenes Diagramm.

Stellen Sie die Blöcke nach Ihren Vorstellungen zusammen. Machen Sie von der endgültigen Version zwei weitere Kopien. Auf einer vermerken Sie alle Schablonen, die zweite ist als eine Art Gedächtnisstütze geplant.

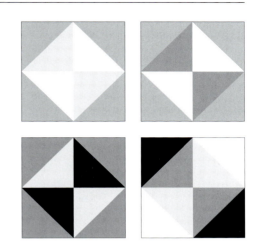

Legen Sie die Stoffteilchen auf die Kopie und spielen Sie mit den Farben, bis Sie auch hier ein überzeugendes Arrangement gefunden haben. Benutzen Sie dieses Modell als Leitfaden für die Näharbeit. Zwischendrin können selbstverständlich Änderungen notwendig werden. Manche Farbanordnungen sehen „in klein" sehr gut aus, wirken aber in der tatsächlichen Größe nicht mehr ganz so gut.

Die Blöcke sind auf der folgenden Seite in alphabetischer Reihenfolge ihrer englischen Bezeichnungen angeordnet.

Geklebte Version des im Vorwort abgebildeten Quilts von Diana Leone.

Geklebte Version des auf dem Umschlag abgebildeten Quilts, von Diana Leone.

90 • Das große Buch vom Quilten

Fotokopieren Sie diese Seite. Schneiden Sie die Blöcke auseinander und kleben Sie Stoffstücke auf die Muster (siehe Seite 89). So können Sie ihren Quilt gestalten.

54-40 or Fight – 54-40 oder Kampf

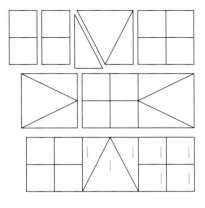

Neun Patch • 32 Teile

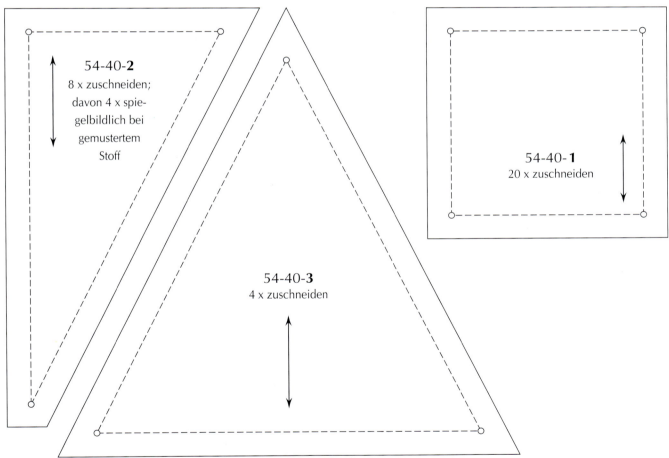

54-40-2
8 x zuschneiden;
davon 4 x spiegelbildlich bei gemustertem Stoff

54-40-3
4 x zuschneiden

54-40-1
20 x zuschneiden

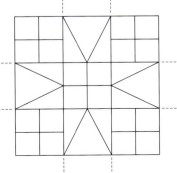

Attic Window – Dachfenster

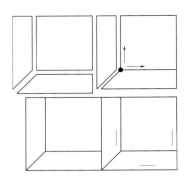

Vier Patch • 3 Teile

Versuchen Sie mit drei verschiedenen Farbwerten zu arbeiten, um eine räumliche Wirkung zu erzielen. Helle Farben kommen auf Sie zu, dunkle treten zurück. Verwenden Sie eine helle, eine mittlere und eine dunkle Farbe für die drei Musterteile; das Muster hat nun einen dreidimensionalen Effekt.

Weitergehende Illustrationen und Instruktionen finden Sie in dem Buch *„Attic Windows in einer modernen Form"* von Diana Leone.

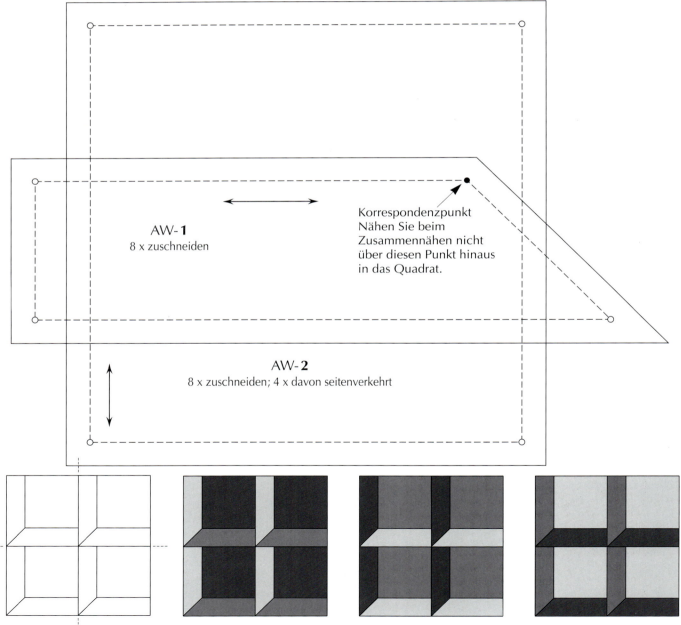

AW-**1**
8 x zuschneiden

Korrespondenzpunkt
Nähen Sie beim Zusammennähen nicht über diesen Punkt hinaus in das Quadrat.

AW-**2**
8 x zuschneiden; 4 x davon seitenverkehrt

Das große Buch vom Quilten   Bear´s Paw – Bärenpranke • 93

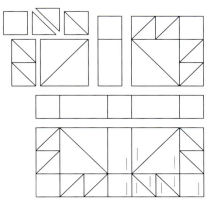

Sieben Patch • 53 Teile

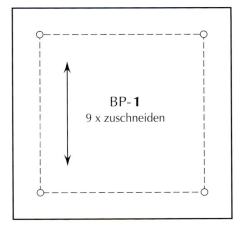

BP-**1**
9 x zuschneiden

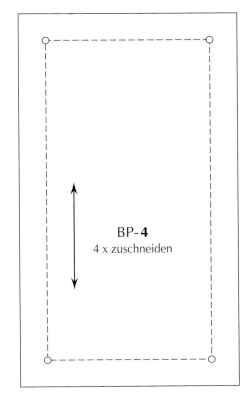

BP-**4**
4 x zuschneiden

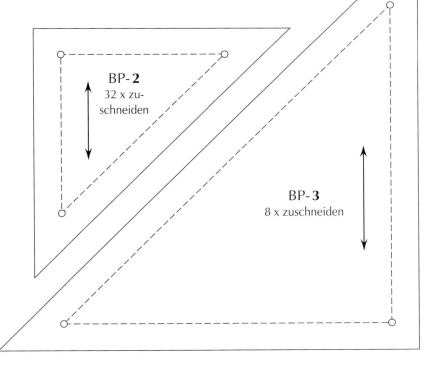

BP-**2**
32 x zu-
schneiden

BP-**3**
8 x zuschneiden

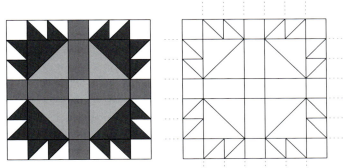

94 • Bridal Wreath – Brautkranz

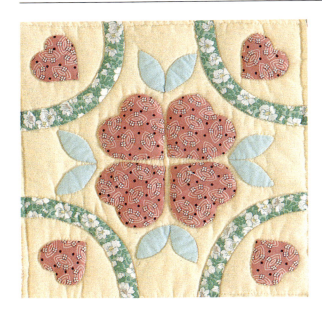

Appliziermotiv • 17 oder 20 Teile

1. Schneiden Sie ein Hintergrundquadrat von 13" (33 cm) Seitenlänge zu.
2. Pausen Sie die Musterlinien auf die rechte Seite des Quadrates.
3. Legen Sie eine Schablone auf d. rechte Seite d. zu applizierenden Stoffes.
4. Zeichnen Sie um die Schablone herum.
5. Schneiden Sie die zu applizierenden Teile mit 3/16" (0,5 cm) Nahtzugabe zu.
6. Heften Sie die Einzelteile auf das Hintergrundquadrat.
   Die Musterlinien sind der Leitfaden.
7. Applizieren Sie die Teile nach einer der beiden Methoden (siehe S. 57).
8. Schneiden Sie das Hintergrundquadrat auf 12 1/2" (31,5 cm) Seitenlänge zu.

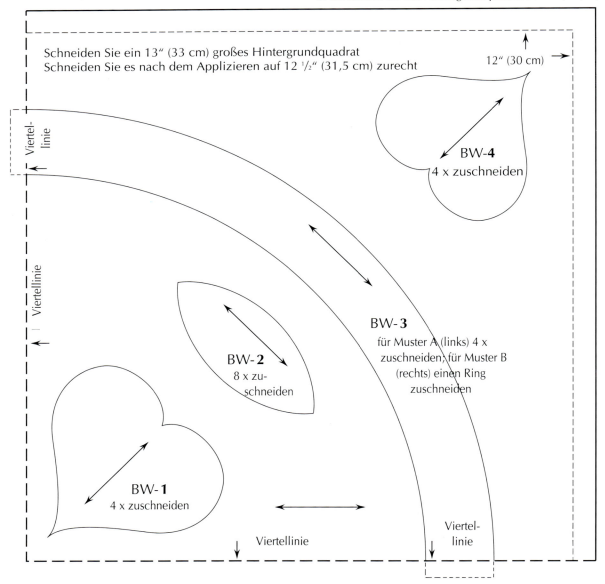

Bright Hopes – Strahlende Hoffnung • 95

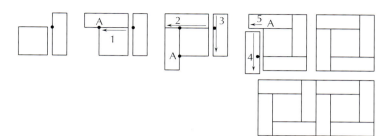

Vier Patch • 20 Teile

Diese Methode wird „die Zwei-Nadel-Methode genannt". Sie beginnen nämlich mit einer Nadel, mit der Sie zu einem definierten Punkt nähen. Den nächsten Streifen nähen Sie mit der zweiten Nadel an. Beendet wird die Einheit mit der ersten Nadel.

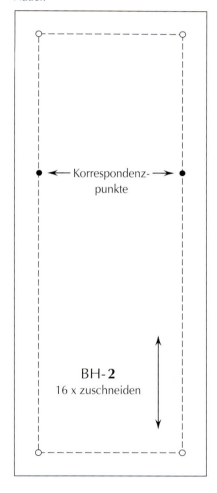

Korrespondenzpunkte

BH-2
16 x zuschneiden

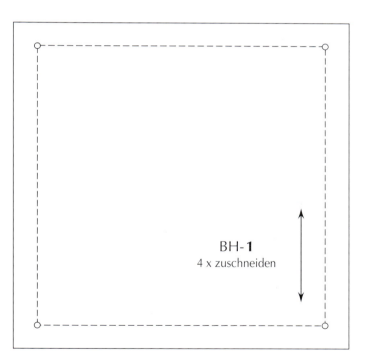

BH-1
4 x zuschneiden

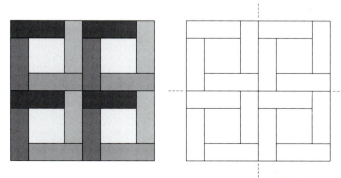

96 • Card Trick – Kartenspiel

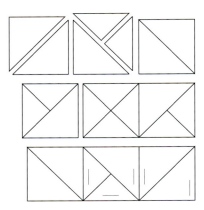

Neun Patch • 24 Teile

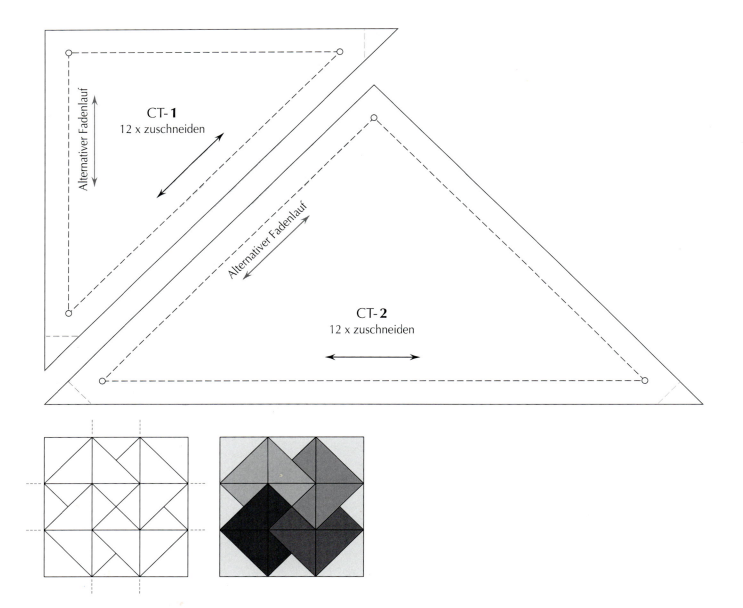

CT-1
12 x zuschneiden

Alternativer Fadenlauf

CT-2
12 x zuschneiden

Alternativer Fadenlauf

Das große Buch vom Quilten Dresden Plate – Dresdner Teller • 97

Ein Patch
Genäht und appliziert • 17 Teile
16 Blütenblätter
Hand und Maschine

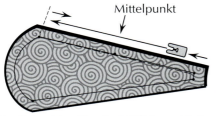

1. Schneiden Sie ein 13"/33 cm Hintergrundquadrat zu.
2. Legen Sie zwei Teile zusammen.
3. Stecken Sie die Nählinie an den Punkten zusammen.
4. Nähen Sie leicht innerhalb der Linie zum Mittelpunkt. Diese Naht verhindert einen Buckel in der Mitte dieses Blockes.
5. Nähen Sie exakt auf der Nählinie bis zum Punkt und machen Sie einen Rückstich.
6. Nähen Sie alle Blütenblätter auf diese Weise zusammen.

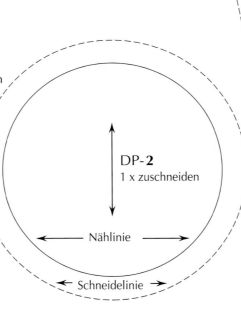

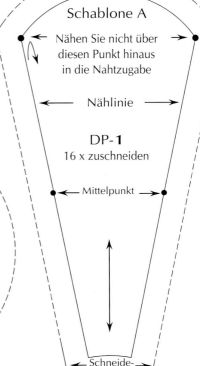

7. Bügeln Sie alle Nahtzugaben in eine Richtung.
8. Legen Sie die Schablone A über die Vorderseite und korrigieren Sie, wenn nötig.
9. Falten Sie die Nahtzugabe nach innen und heften Sie eng am Falz.
10. Legen Sie den „Teller" auf das Hintergrundquadrat und heften Sie es fest.
11. Das Motiv wird jetzt per Hand appliziert.
12. Heften und applizieren Sie nun den Mittelkreis.
13. Entfernen Sie die Heftfäden und bügeln Sie den fertigen Block.

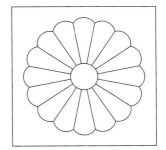

98 • Drunkard's Weg – Drunkhard´s Path

Das große Buch vom Quilten

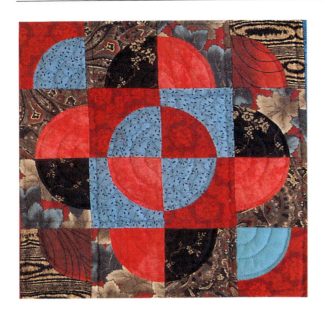

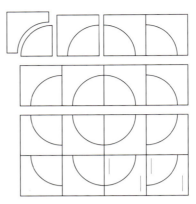

Vier/Sechzehn Patch • 32 Teile

Siehe auch Seite 48: gekurvte Nählinien

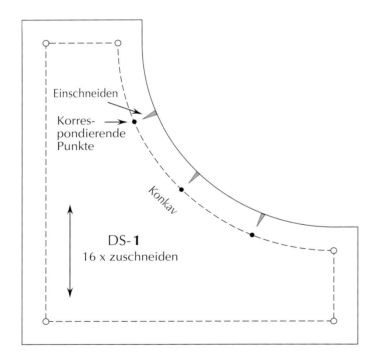

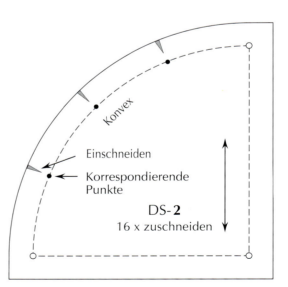

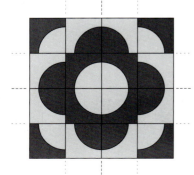

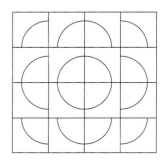

Dutchman´s Puzzle – Holländisches Puzzle

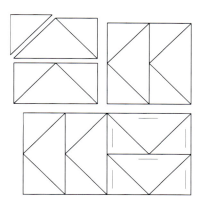

Vier Patch • 24 Teile

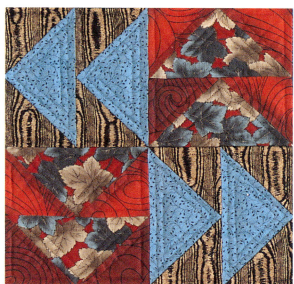

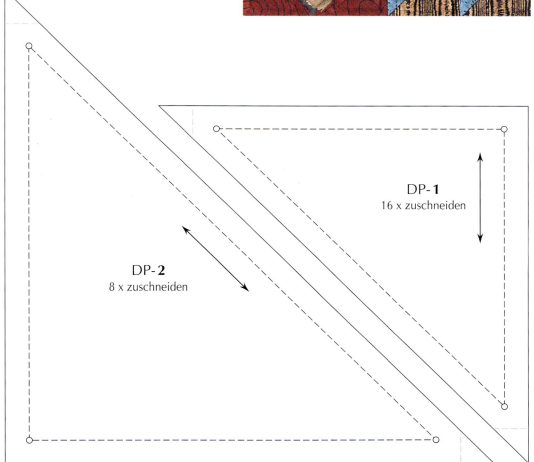

DP-**1**
16 x zuschneiden

DP-**2**
8 x zuschneiden

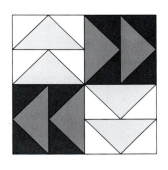
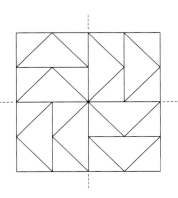

100 • Flower Garden – Blumengarten Das große Buch vom Quilten

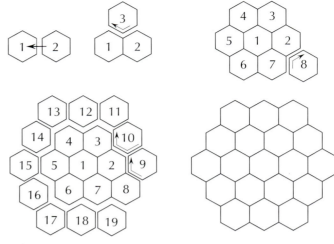

Ein Patch • 19 Teile

1. Schneiden Sie ein 13" (33 cm) großes Hintergrundquadrat zu.

2. Zeichnen Sie auf dieses Quadrat die Umrißlinien des Musters. Sie können das Quadrat auch horizontal und vertikal falten. Kneifen Sie den Falz leicht mit dem Finger.

3. Nähen Sie die Sechsecke zusammen; fangen Sie in der Mitte an. Es ist einfacher diesen Block mit der Hand zu nähen. Nähen Sie Nummer 2 an Nummer 1. Nähen Sie von Punkt zu Punkt. Nähen Sie nicht in die Nahtzugabe hinein. Nähen Sie dann Nummer 3 an Nummer 2. Nähen Sie den ersten Ring oder Reihe um das Sechseck in der Mitte und bügeln Sie den Block.

4. Falten Sie die Nahtzugabe nach hinten und heften Sie sie. Legen Sie den Block auf das Hintergrundquadrat wie vorgezeichnet. Applizieren Sie die Blume mit dem Blindstich (siehe auch Seite 58). Falls gewünscht, schneiden Sie den Stoff auf der Rückseite weg. Bügeln Sie den ganzen Block. Schneiden Sie den Block auf 12 1/2" (31,5 cm) zurecht.

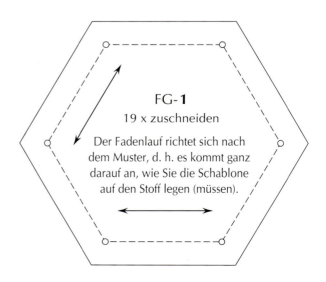

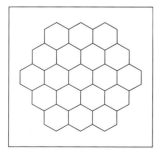

Flying Geese – Fliegende Gänse

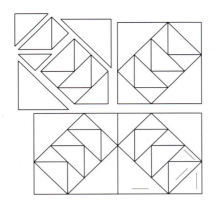

Vier Patch • 52 Teile

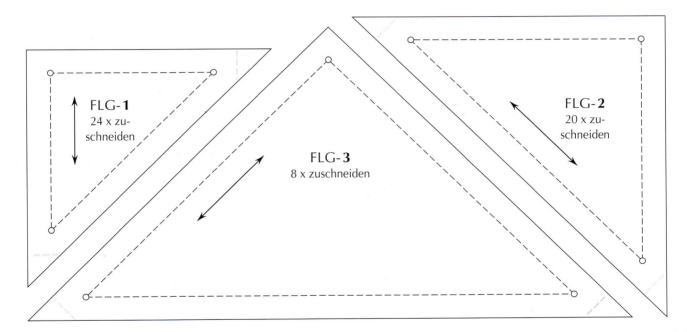

FLG-1
24 x zu-
schneiden

FLG-2
20 x zu-
schneiden

FLG-3
8 x zuschneiden

Stecken Sie die Einheit wie im Bild zusammen.
Die Spitzen des Dreiecks sind dann absolut „Spitze".

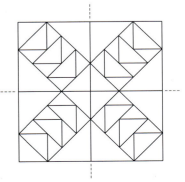

Framed Square – Gerahmtes Quadrat

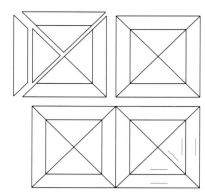

Vier Patch • 32 Teile

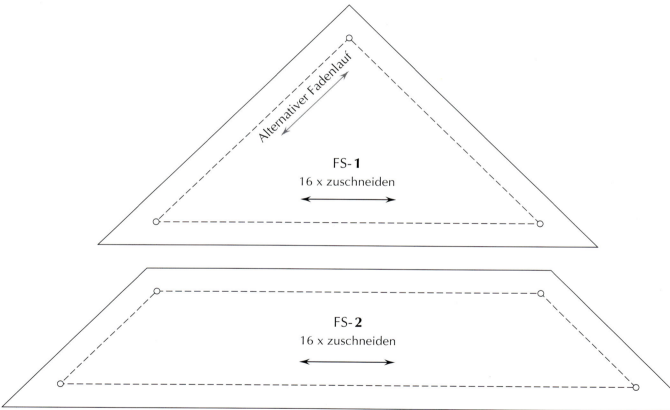

Alternativer Fadenlauf

FS-**1**
16 x zuschneiden

FS-**2**
16 x zuschneiden

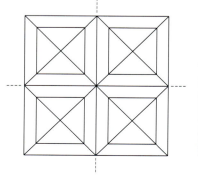

Garden Path – Gartenweg

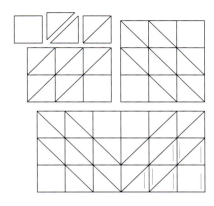

Vier/Sechsunddreißig Patch • 64 Teile

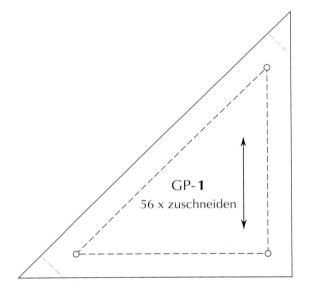

GP-1
56 x zuschneiden

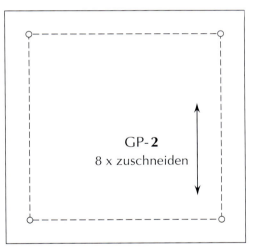

GP-2
8 x zuschneiden

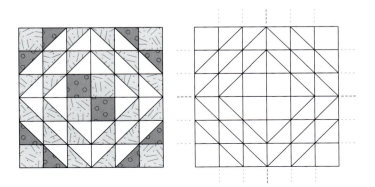

104 • Grandmother's Fan – Großmutters Fächer   Das große Buch vom Quilten

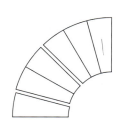
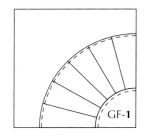
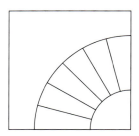

Genäht und appliziert • 8 Teile

1. Schneiden Sie ein Hintergrundquadrat von 13" = 33 cm zu.
2. Nähen Sie die Fächereinheit zusammen, von Kante zu Kante.
3. Legen Sie den Fächer auf das Quadrat und heften Sie ihn.
4. Applizieren Sie den Fächer mit Blindstichen, siehe Seite 58.
5. Legen Sie GF-1 über den Fächer und applizieren Sie es.
6. Bügeln Sie die Einheit und schneiden Sie das Quadrat auf 12 ½" = 31,5 cm zurecht.

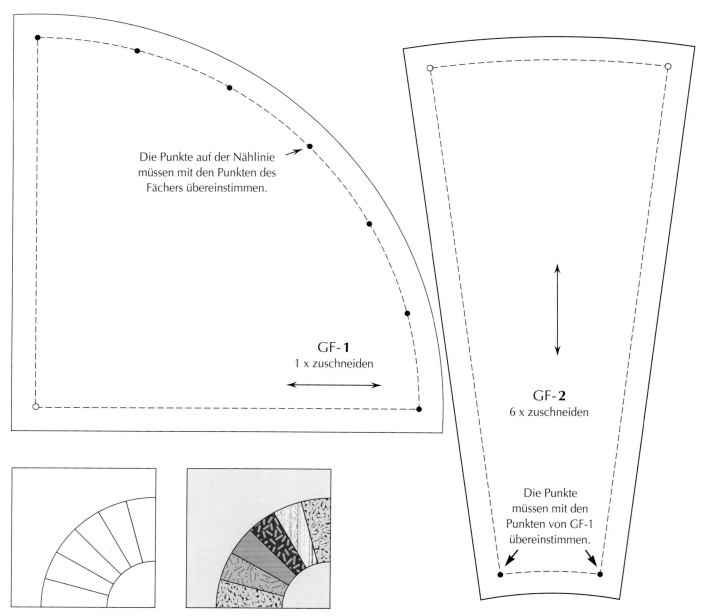

Das große Buch vom Quilten Honey Bee – Honigbiene • 105

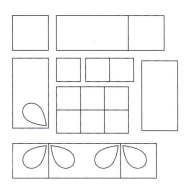

Neun Patch in einem Vier Patch • 29 Teile
Patchwork und Appliziermotiv

HB-4
Appliziermotiv
12 x zuschneiden

Zeichnen Sie rundherum eine Nahtzugabe von 3/16" = 0,5 cm.

HB-3
4 x zuschneiden

Markieren Sie die Lage des Appliziermotivs auf dem Stoff.

HB-1
4 x zuschneiden

HB-2
4 x zuschneiden

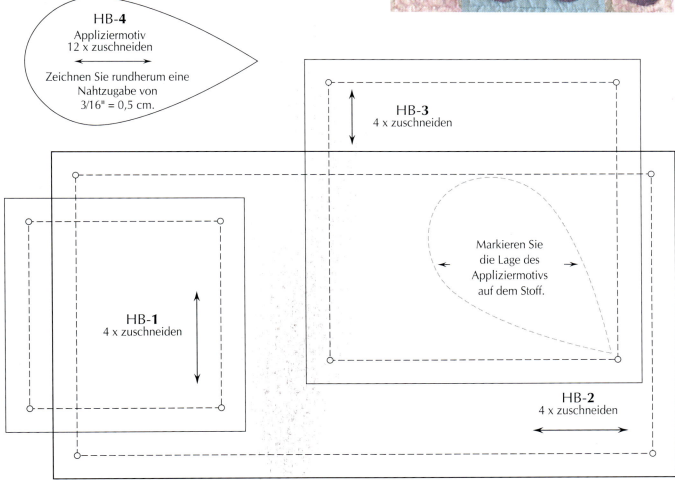

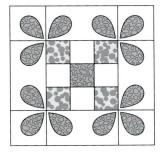
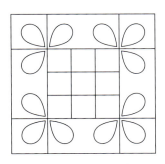

106 • House – Haus Das große Buch vom Quilten

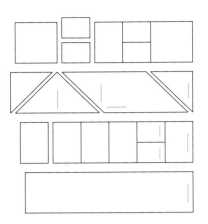

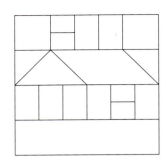

Variante A:
Haus mit nur einem Kamin

Ein Patch • 19 Teile

Schneiden Sie ein Rechteck von
12 1/2" = 31,5 cm x 3 1/2" = 9,25
cm als Basis des Hauses zu.

Quilt mit Hausmotiv, genäht von Sondra Rudey.

Das große Buch vom Quilten   House – Haus • 107

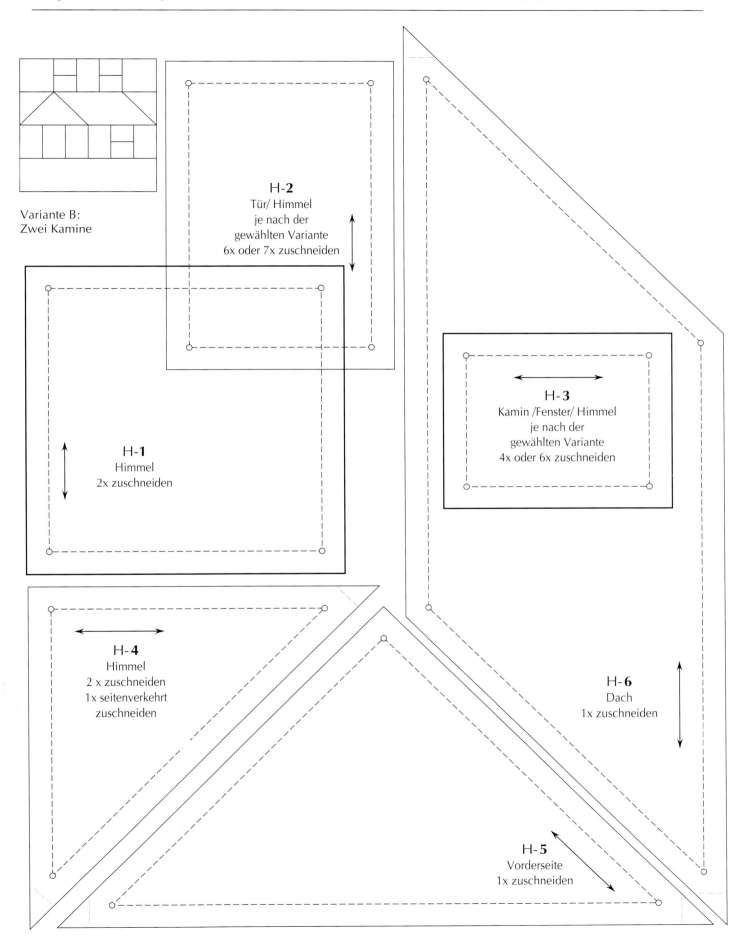

Variante B:
Zwei Kamine

Iris

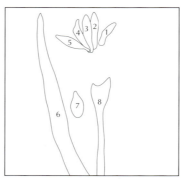 

Appliziermotiv • 14 Teile

1. Schneiden Sie ein Hintergrundquadrat von 12 ½" = 33 cm zu.
2. Übertragen Sie die Linien des Motivs auf das Quadrat.
3. Schneiden Sie die Schablonen.
4. Markieren Sie die Motivteile auf den entsprechenden Stoff und schneiden Sie die Teile aus. Berücksichtigen Sie eine Nahtzugabe von knapp ³⁄₁₆" = 0,5 cm.
5. Legen Sie die Musterteile „nach Plan" auf das Hintergrundquadrat und heften Sie sie. Beginnen Sie mit den Musterteilen, die direkt auf dem Quadrat liegen. (1 - 8). Applizieren Sie die Teile mit dem Blindstich und genau passendem Faden (siehe auch Seite 58).

6. Wenn gewünscht, schneiden Sie nun den Stoff auf der Rückseite des Motives weg.
7. Bügeln Sie den Block.
8. Schneiden Sie den Block auf eine Größe von 12 ½" (31,5 cm) zurecht.

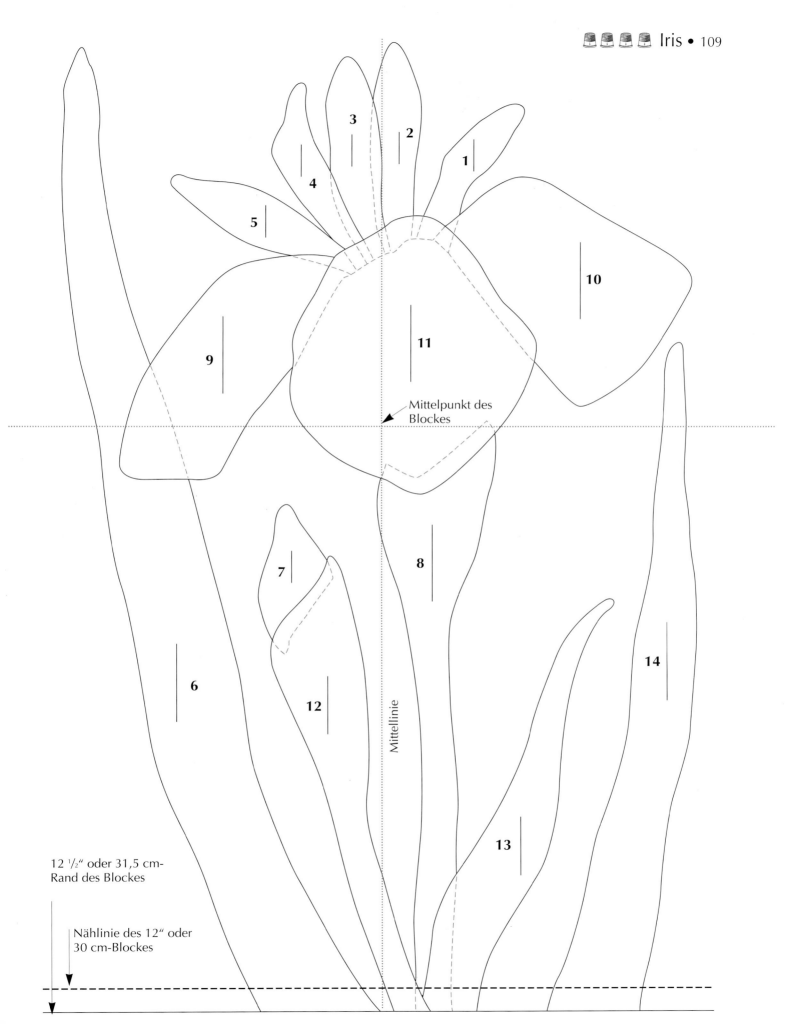

110 • Jacob's Ladder – Jakobsleiter

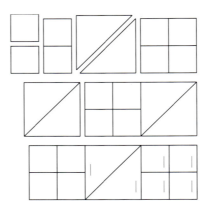

Neun Patch • 28 Teile

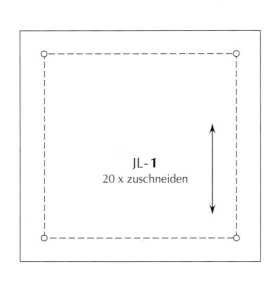

JL-**1**
20 x zuschneiden

JL-**2**
8 x zuschneiden

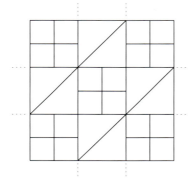
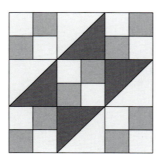

Das große Buch vom Quilten Jinx Star – Verhexter Stern • 111

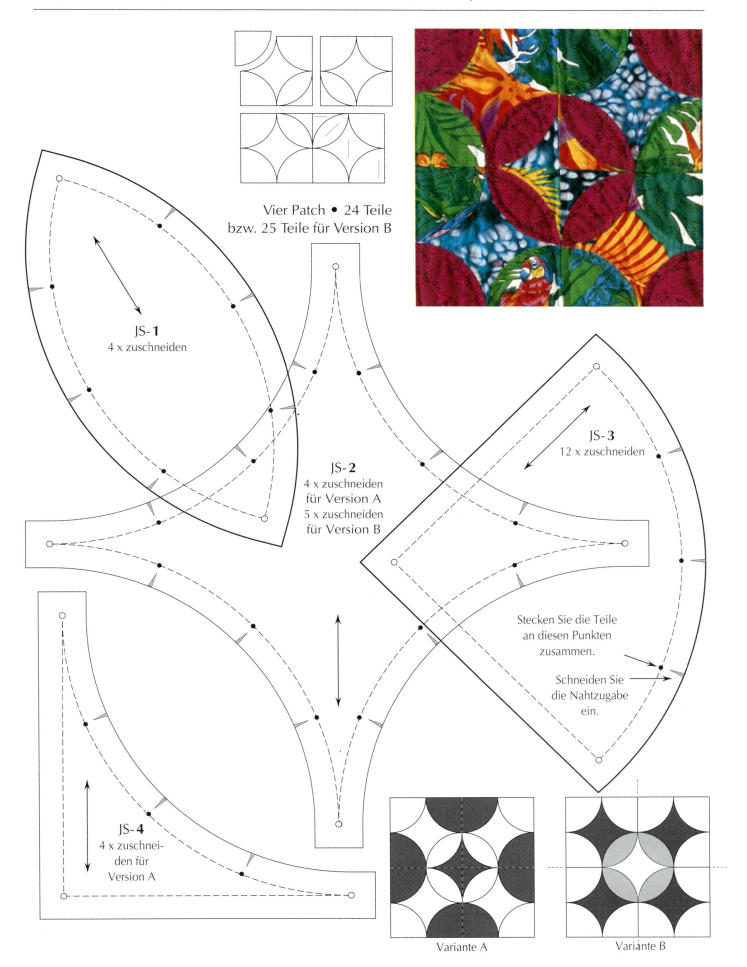

Vier Patch • 24 Teile bzw. 25 Teile für Version B

JS-1 4 x zuschneiden

JS-2 4 x zuschneiden für Version A 5 x zuschneiden für Version B

JS-3 12 x zuschneiden

Stecken Sie die Teile an diesen Punkten zusammen.

Schneiden Sie die Nahtzugabe ein.

JS-4 4 x zuschneiden für Version A

Variante A   Variante B

112 • Kansas Dugont – Unterschlupf in Kansas   Das große Buch vom Quilten

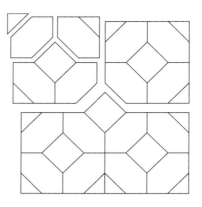

Vier Patch • 33 Teile

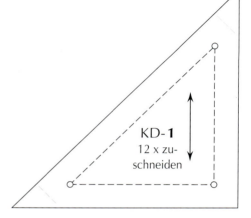

KD-**1**
12 x zu-
schneiden

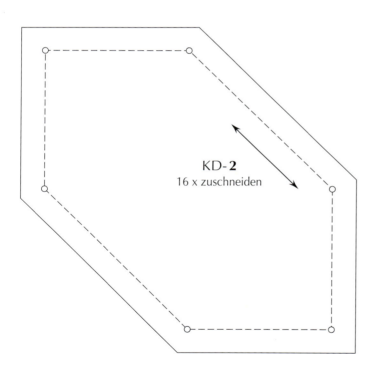

KD-**2**
16 x zuschneiden

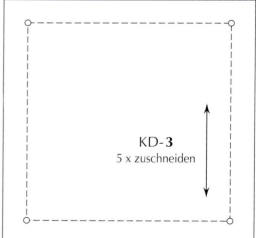

KD-**3**
5 x zuschneiden

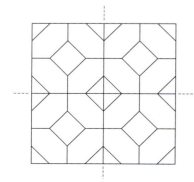

Das große Buch vom Quilten • King's X – Kreuz des Königs • 113

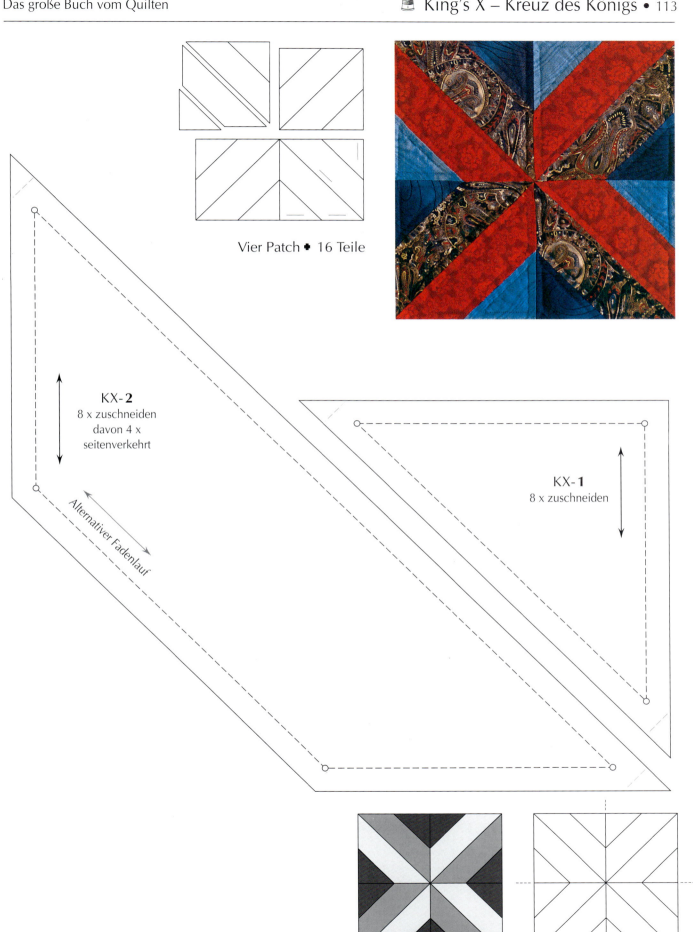

Vier Patch ✦ 16 Teile

KX-**2**
8 x zuschneiden
davon 4 x
seitenverkehrt

Alternativer Fadenlauf

KX-**1**
8 x zuschneiden

Log Cabin – Blockhütte

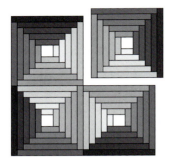

Ein Patch • 21 Teile
Vier Patch • 84 Teile

Benötigtes Material:
Stoff: dünner Muslin oder Battist
Bleistift
Lineal
Faden
Nähmaschine
Bügeleisen
Rollschneider, Schneidelineal und Schneidematte
Scheren

Das Blockhütten-Muster ist einfach und schnell zu arbeiten und ein beliebtes traditionelles Muster. Das Muster fängt in der Mitte des Blockes an. Ein Quadrat wird zugeschnitten und die Streifen oder „Baumstämme" werden im Uhrzeigersinn an jede Quadratseite genäht. Der 12 Inch- oder 30 cm-Block kann, muß aber nicht auf einen Basisstoff genäht werden. Der 12 Inch-Block kann in vier 6 Inch- = 15 cm-Blöcke unterteilt werden. Sie können die Streifen auch fortlaufend aneinander nähen, bis der Block eine Größe von einem 12 Inch- = 30 cm-Block hat.
Dieses Muster eignet sich ausgezeichnet zur „Resteverwertung". Verwenden Sie alles, was Sie an Stoff übrig haben. Separieren Sie die Farben nach hell und dunkel. Die Größe des Quadrats in der Mitte ist nicht fest vorgegeben; Sie sollten lediglich mit den Streifen zusammen eine Blockgröße von 12 1/2 Inch = 31,5 cm erreichen. Für die Breite der Streifen gilt im Prinzip das gleiche; mit dem Quadrat zusammen sollen Sie einen Block von 12 Inch = 30 cm (ohne Nahtzugabe) ergeben.
Man sagt, daß das Zentrum der Blockhütte den Kamin darstellt. Rot wird traditionell gern genommen und symbolisiert das Feuer im Kamin. Verwenden Sie Blau als Symbolfarbe des Himmels, Gold für die Sonne usw. Die Streifen repräsentieren die Baumstämme, aus denen die Hütte gebaut ist.
Dieses Muster basiert auf einem halben Quadrat. Der Block wird üblicherweise in der Diagonale in halb hell und halb dunkel unterteilt. Es gibt unzählige Variationen des Musters. Nähen Sie einen Block für Ihren Musterquilt. Sie werden überrascht sein, wie leicht es geht – vielleicht nähen Sie danach eine Bettdecke?

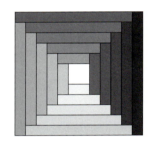

Ein Block mit abwechselnd hellen und dunklen Streifen wird "Steps to the Courthouse Square" (Treppen zum Hof) genannt.

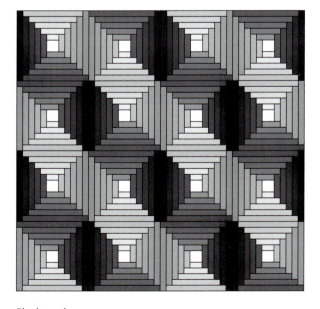

Flechtwerk

Das große Buch vom Quilten

Log Cabin – Blockhütte

Die Technik mit dem Basisstoff

Schneiden Sie vier Quadrate von 7 Inch = 17,5 cm Seitenlänge des Basisstoffes zu. Zeichnen Sie die Diagonale auf den Stoff. Das Mittelquadrat liegt exakt auf dem „X". Von den hellen und dunklen Stoffen werden Streifen geschnitten. Die Streifen werden, rechts auf rechts, auf den Basisstoff aufgenäht. Die Streifen werden abgeschnitten, geöffnet und gebügelt. Dieser Vorgang wird sooft wiederholt, bis das ganze Quadrat mit „Baumstämmen" gefüllt ist. Das „X" erleichtert es Ihnen, die Streifen zurechtzuschneiden.

Der Block wird möglicherweise etwas kleiner als geplant. Sie brauchen eine Idee breitere Streifen, weil die vielen Nähte und Nahtzugaben den Block zusammenziehen. Um das zu kompensieren, nähen Sie ein kleines bißchen innerhalb der Nahtzugabe.

12 Inch = 30 cm-Quadrat aus vier 6 Inch = 15 cm-Quadraten

Schneiden Sie wie oben beschrieben vier Quadrate zu. Schneiden Sie vier Mittelquadrate von 1 1/2 Inch = 4 cm Seitenlänge zu. Schneiden Sie jeweils 10 Streifen von 4 cm Breite und 105 cm Länge aus hellen und dunklen Stoffen. Wahrscheinlich brauchen Sie mehr Streifen von den Stoffen am Blockrand, schneiden Sie also bei Bedarf weitere Streifen zu. Von den innen gelegenen Stoffen werden Sie

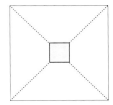

nicht soviel benötigen. Um eine helle und eine dunkle Seite zu bekommen, teilen Sie die Stoffe in einen hellen und einen dunklen Stapel. Sie brauchen 5 helle und 5 dunkle Stoffe.

Mit einem Bleistift markieren Sie ein „X" von Ecke zu Ecke. Die Ecken des Mittelquadrates liegen genau auf dem „X"; stecken Sie es fest. Legen Sie den ersten Streifen, rechts auf rechts, auf das Mittelquadrat. Der Streifen liegt ein kleines bißchen höher als das Quadrat. Nähen Sie nun von oben nach unten, bis Sie 1/4 Inch oder 0,75 cm vom Rand entfernt sind. Schneiden Sie den Streifen nach dem Quadrat zurecht, eher eine Idee länger und pressen Sie ihn mit den Fingern nach oben. Schneiden Sie ihn nicht zu kurz. Drehen Sie den Block nun im Uhrzeigersinn ein Viertel weiter.

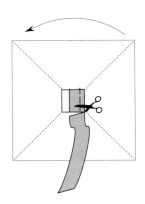
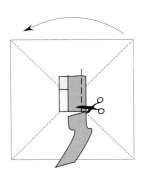

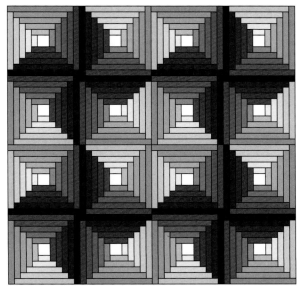

Windrad

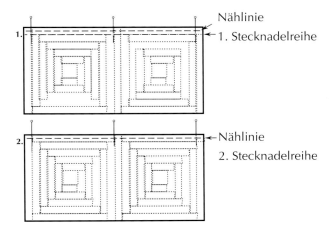

Die markierten Linien werden nun zu einem sehr wichtigen Hilfsmittel, um den Block quadratisch und die Streifen gleich breit zu bekommen. Die oberen Ecken des ersten Streifens berühren die Bleistiftlinien nicht, aber wenn dieser Streifen schief ist, ist es der Rest des Blockes auch. Es ist also extrem wichtig, daß der erste Streifen genau und gerade genäht ist. Legen Sie den zweiten Streifen rechts auf rechts über den ersten Streifen und das Mittelquadrat. Nähen Sie nun den zweiten Streifen an und pressen Sie ihn mit den Fingern nach oben. Die linke Ecke muß nun die Bleistiftlinie berühren. Drehen Sie den Block und machen Sie mit den verbleibenden Streifen weiter, immer abwechselnd mit hellen und dunklen Stoffen.

Schneiden Sie den Basisblock auf 6 1/2" = 16,5 cm zurecht. Legen Sie zwei Blöcke rechts auf rechts aufeinander. Stecken Sie eine Stecknadel durch die Ecke der zweiten Naht der beiden Blöcke. Mit Hilfe dieser Naht stecken Sie die Blöcke nun zusammen. Auf der Vorderseite entsteht jetzt das typische Muster. Korrigieren Sie eventuelle Fehler. Wenn diese Naht nicht stimmt, kann der ganze Block leicht schief wirken. Falls nötig, dehnen Sie ein bißchen – bis es paßt. Wiederholen Sie diesen Vorgang mit den nächsten beiden Quadraten. Danach nähen Sie die Reihen mit dem gleichen Verfahren zusammen.

116 • Log Cabin – Blockhütte   Das große Buch vom Quilten

12-Inch-Blockhütte
Vier 6-Inch-Blöcke mit 84 Teilen

Schneiden Sie Schablonen zu. Schneiden Sie die Stoffstreifen nach den Schablonen. Nähen Sie den Block nach der Basisstoff-Technik. Fotokopieren Sie das Diagramm und stellen Sie die Blöcke zu Ihrem eigenen Design zusammen.
(H = Hell; D = Dunkel.)

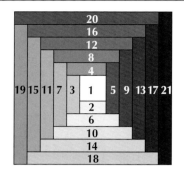
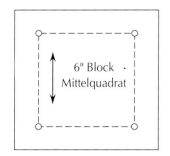

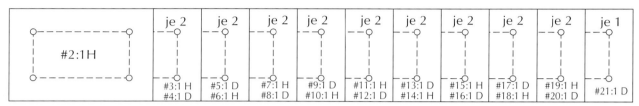

Reise um die Welt

Zeitgenössischer Blockhüttenquilt von Kathleen Azevedo.

Zeitgenössischer Blockhüttenquilt von Kei Palmer.

„Wasserlilien von Monet". Das Quilttop wurde von Diana Leone genäht; Doris Olds hat gequiltet.

118 • Mexican Star – Stern von Mexiko

Das große Buch vom Quilten

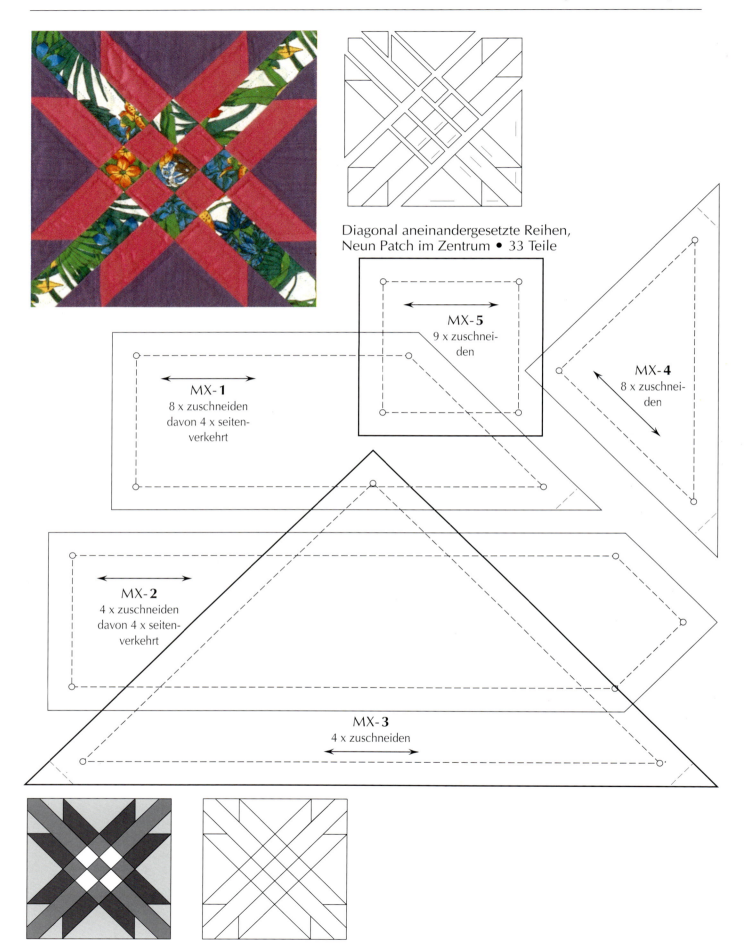

Diagonal aneinandergesetzte Reihen,
Neun Patch im Zentrum • 33 Teile

MX-5
9 x zuschneiden

MX-1
8 x zuschneiden
davon 4 x seitenverkehrt

MX-4
8 x zuschneiden

MX-2
4 x zuschneiden
davon 4 x seitenverkehrt

MX-3
4 x zuschneiden

Das große Buch vom Quilten Monkey Wrench – Schraubzwinge • 119

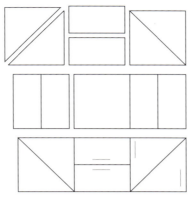

Neun Patch • 17 Teile

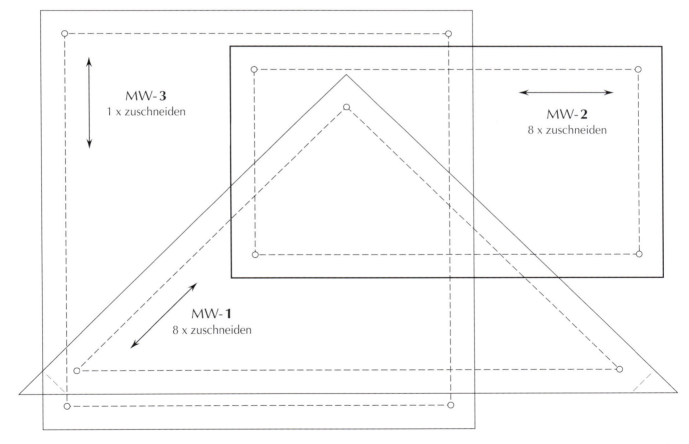

MW-3
1 x zuschneiden

MW-2
8 x zuschneiden

MW-1
8 x zuschneiden

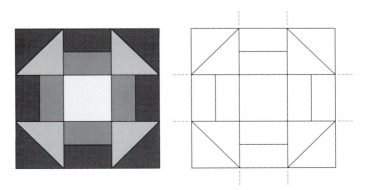

Morning Star – Morgenstern

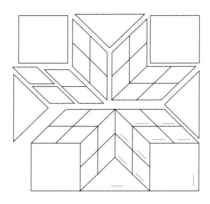

Vier Patch • 40 Teile

Siehe auch Seite 47: Nähen von Sternen

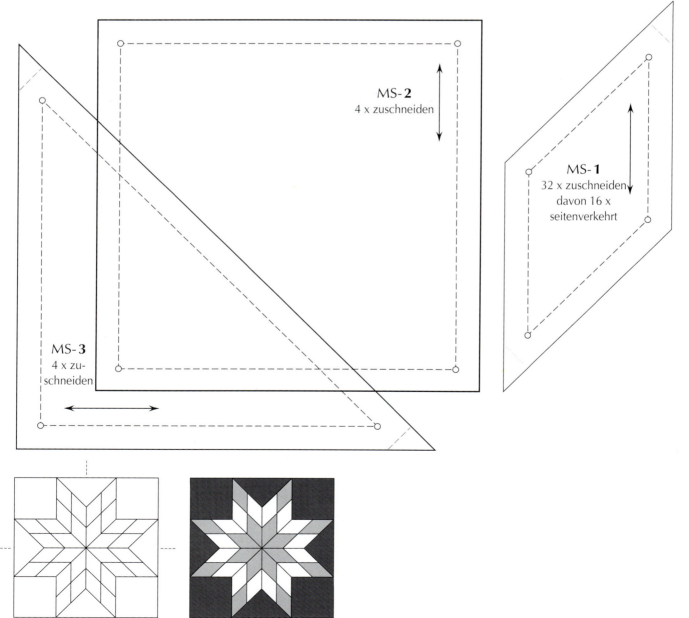

MS-2
4 x zuschneiden

MS-1
32 x zuschneiden
davon 16 x seitenverkehrt

MS-3
4 x zuschneiden

Das große Buch vom Quilten · Night and Noon – Tag und Nacht · 121

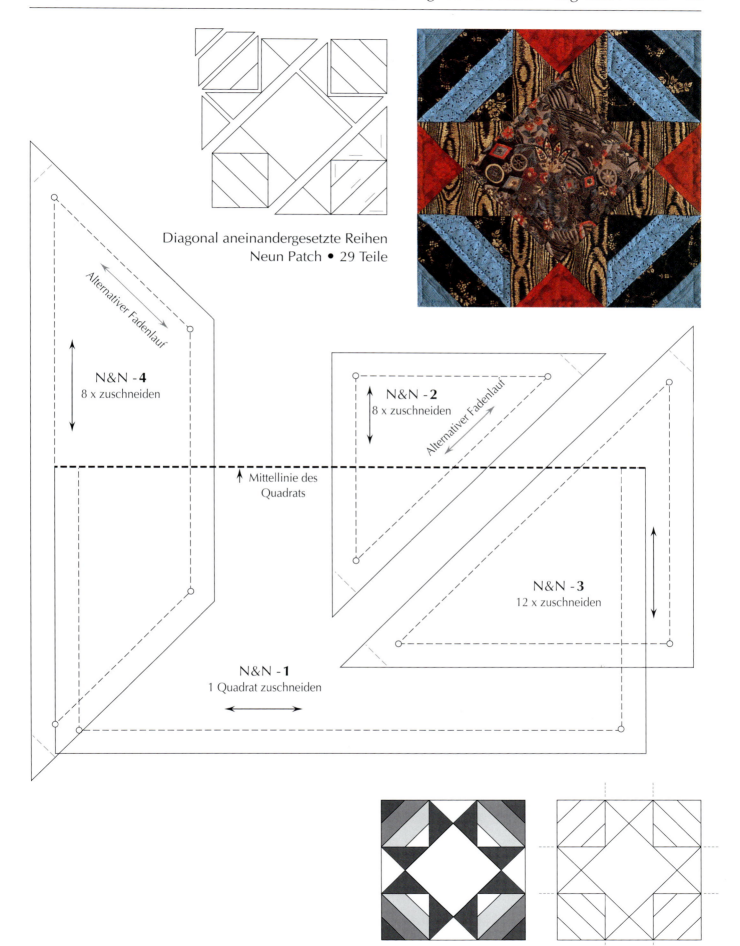

Diagonal aneinandergesetzte Reihen
Neun Patch • 29 Teile

Alternativer Fadenlauf

N&N -**4**
8 x zuschneiden

N&N -**2**
8 x zuschneiden

Alternativer Fadenlauf

Mittellinie des Quadrats

N&N -**3**
12 x zuschneiden

N&N -**1**
1 Quadrat zuschneiden

122 • Ohio Star – Stern von Ohio Das große Buch vom Quilten

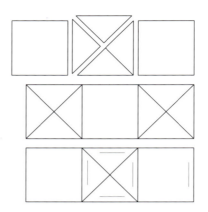

Neun Patch • 21 Teile

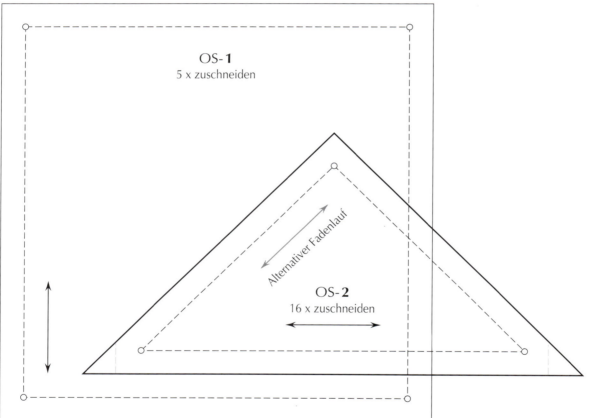

OS-**1**
5 x zuschneiden

OS-**2**
16 x zuschneiden

Alternativer Fadenlauf

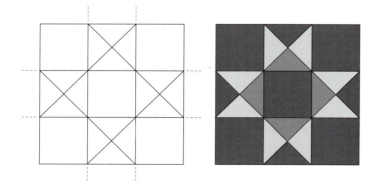

Das große Buch vom Quilten Patience Corner – Geduldsspiel • 123

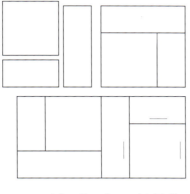

Vier Patch • 12 Teile

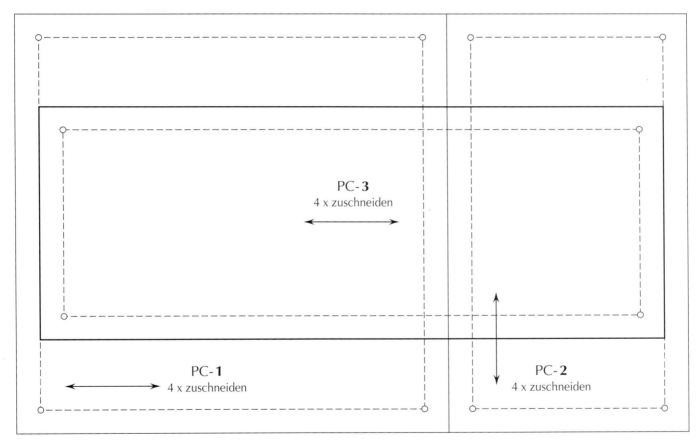

PC-**3**
4 x zuschneiden

PC-**1**
4 x zuschneiden

PC-**2**
4 x zuschneiden

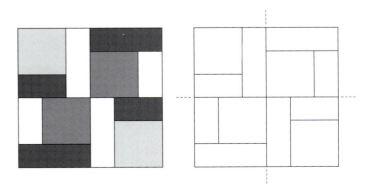

124 • Peony – Pfingstrose

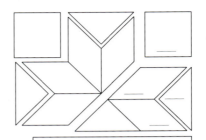

Rechteck zuschneiden von 12 ½" x 4"/31,5 x 10 cm

Achtzackiger Stern • 14 Teile
Ein Patch mit Appliziermotiv

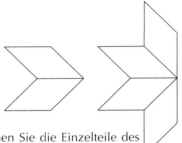

1. Nähen Sie die Einzelteile des Sterns zusammen. Als erstes verbinden Sie die kleinsten Teile zu Einheiten. Nähen Sie dann die Einheiten zusammen. Auf Seite 47 finden Sie weitere Erläuterungen.

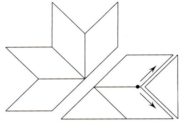

2. Setzen Sie das Dreieck ein. Nähen Sie vom inneren Saum bis zur äußeren Kante.

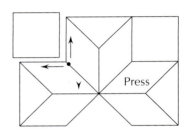

3. Setzen Sie das Quadrat ein. Nähen Sie vom inneren Saum bis zur äußeren Kante. Bügeln Sie die Nahtzugabe in eine Richtung kreisförmig um den Mittelpunkt.

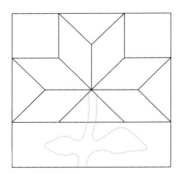

4. Schneiden Sie ein Rechteck von 12 ½ Inch x 4 Inch-31,5 cm x 10 cm zu. Nähen Sie das Rechteck an den Block. Markieren Sie die Begrenzungslinien des Appliziermotivs.

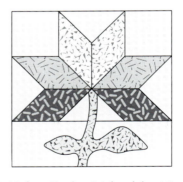

5. Heften Sie den Stiel auf den Hintergrund und applizieren Sie ihn. Entfernen Sie die Heftfäden und bügeln Sie den fertiggestellten Block.

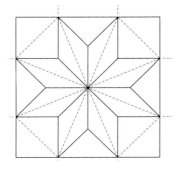
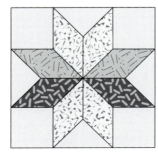
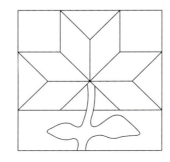

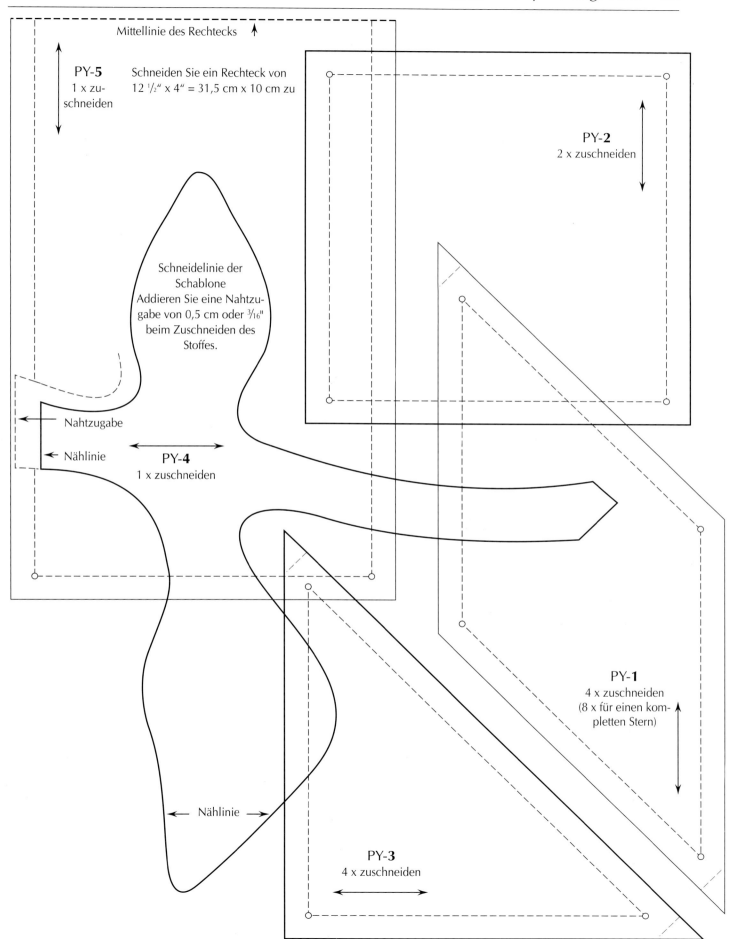

126 • Pine Tree – Pinie Das große Buch vom Quilten

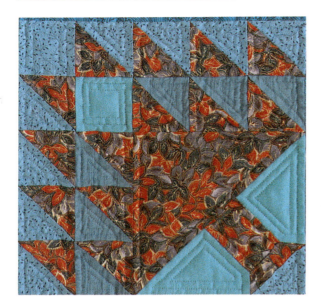

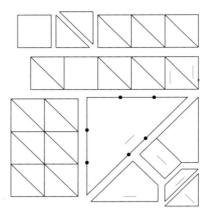

Fünf Patch • 36 Teile

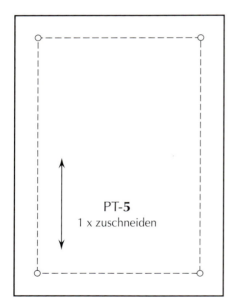

PT-**5**
1 x zuschneiden

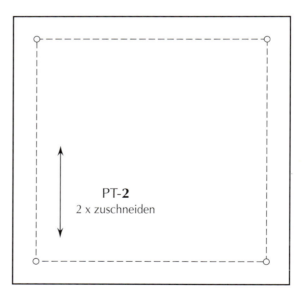

PT-**2**
2 x zuschneiden

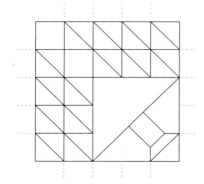

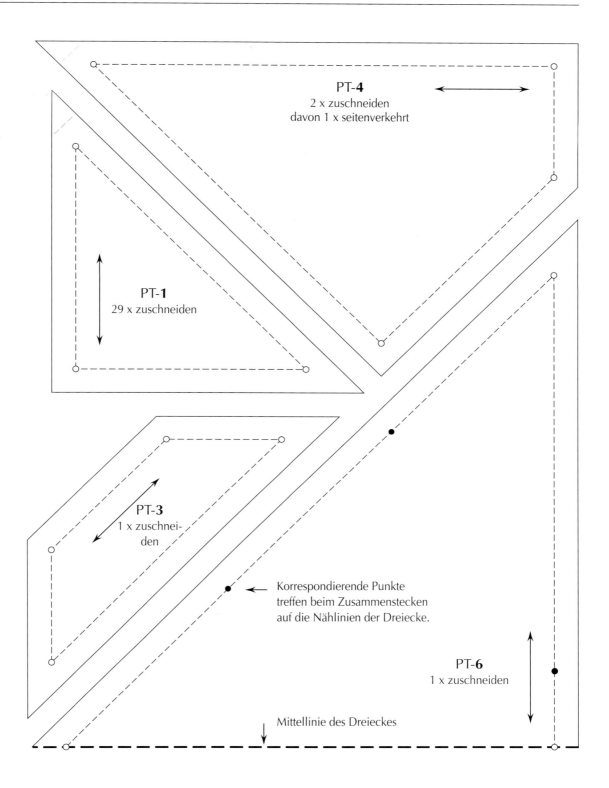

128 • Rail Fence – Gartenzaun

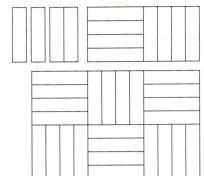

| Gartenzaun | Neun Patch | • 36 Teile |
| Römischer Streifen | Vier Patch | • 12 Teile |

Römischer Streifen
Streifen-Technik: Schneiden Sie drei verschiedene Streifen von 2 ½ Inch x 40 Inch = 6,5 x 100 cm. Die Streifen sind genäht 2 Inch bzw. 5 cm breit. Gestrichelte Linien sind Nählinien.

Gartenzaun
Streifentechnik: Schneiden Sie vier verschiedene Streifen von 1 ½ Inch x 40 Inch = 4 x 10 cm. Die Streifen sind genäht 1 Inch bzw. 2,5 cm breit. Gestrichelte Linien sind

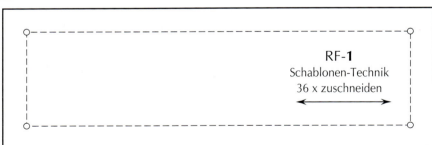

RF-1
Schablonen-Technik
36 x zuschneiden

Umzäunung   Römischer Streifen

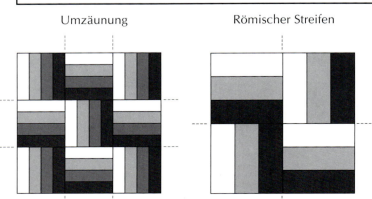

Bügeln Sie alle Nahtzugaben zu dem dunkleren Stoff hin oder bügeln Sie alle Nahtzugaben in eine Richtung.

RS-1
Schablonen-Technik
12 x zuschneiden

„Rail Fence" („Gartenzaun") wurde von Diana Leone entworfen und maschinengequiltet.

130 • Spools – Garnrollen   Das große Buch vom Quilten

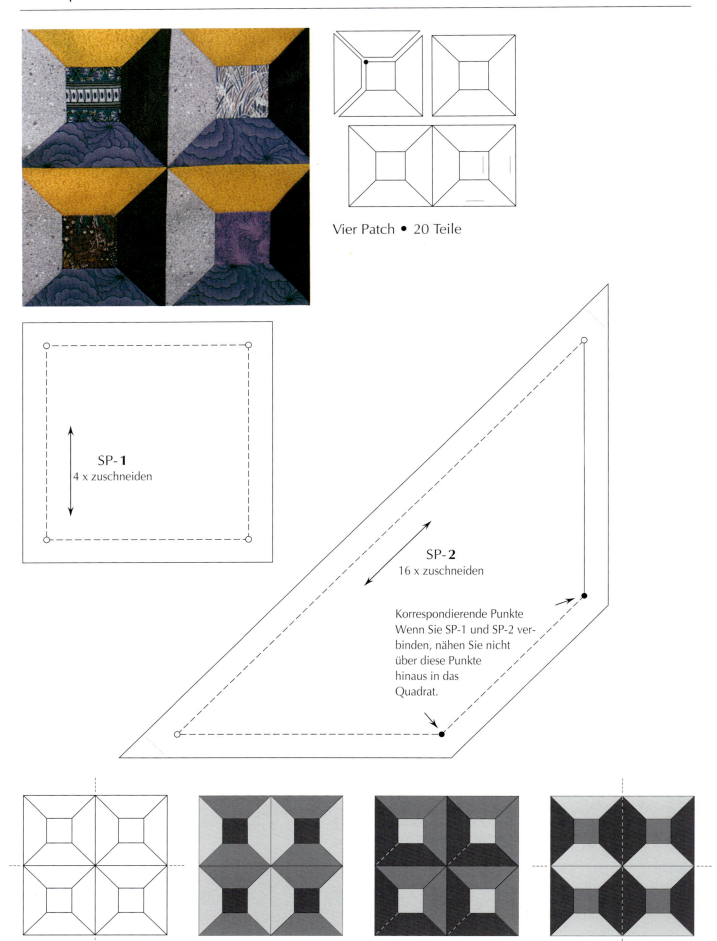

Vier Patch • 20 Teile

SP-1
4 x zuschneiden

SP-2
16 x zuschneiden

Korrespondierende Punkte
Wenn Sie SP-1 und SP-2 verbinden, nähen Sie nicht über diese Punkte hinaus in das Quadrat.

Stamp Basket – Henkelkorb

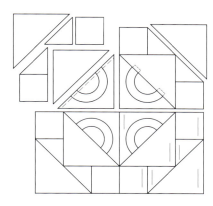

Vier Patch mit Appliziermotiv • 32 Teile

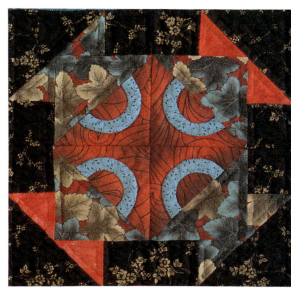

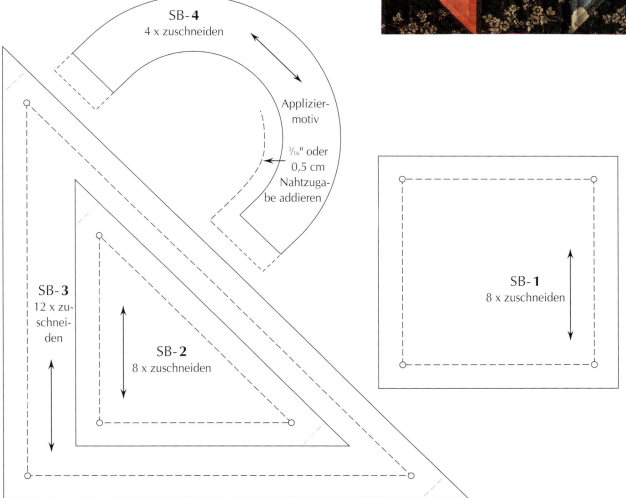

SB-4
4 x zuschneiden

Appliziermotiv

$^{3}/_{16}$" oder 0,5 cm Nahtzugabe addieren

SB-3
12 x zuschneiden

SB-2
8 x zuschneiden

SB-1
8 x zuschneiden

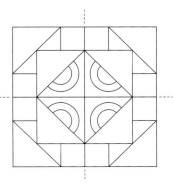

132 • Storm at Sea – Sturm auf dem Meer   Das große Buch vom Quilten

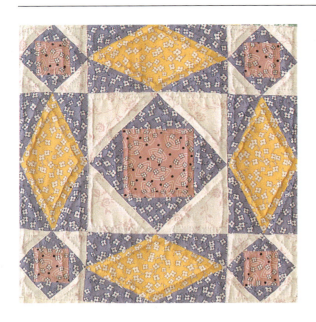

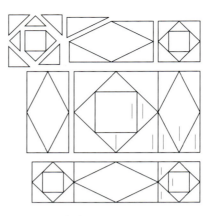

Vier Patch / Vierundsechzig Patch • 65 Teile

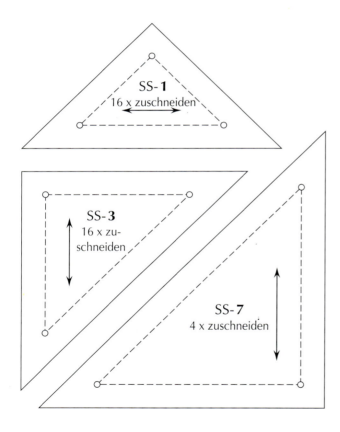

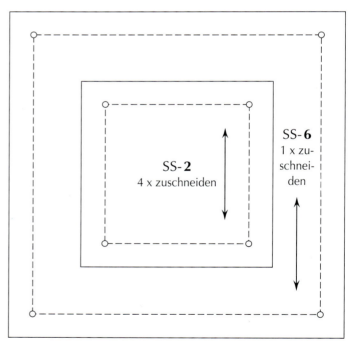

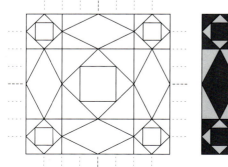

Storm at Sea – Sturm auf dem Meer

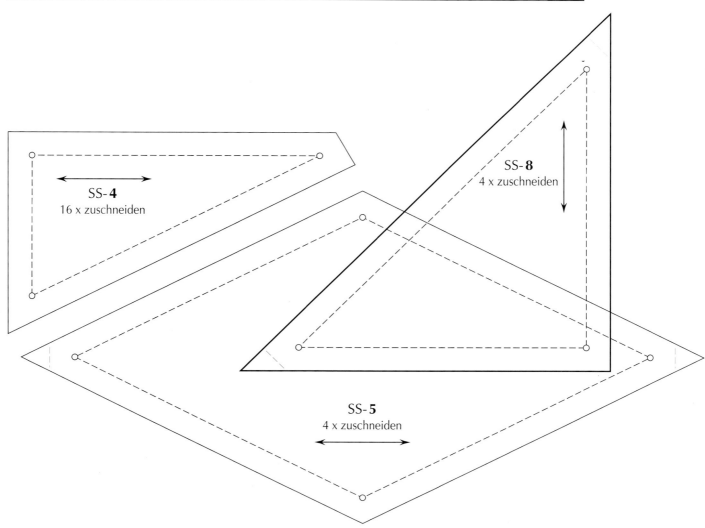

SS-**4**
16 x zuschneiden

SS-**8**
4 x zuschneiden

SS-**5**
4 x zuschneiden

134 • Top Hat – Zylinder

Das große Buch vom Quilten

Achtzackiger Stern • 36 Teile

TH-**4** 4 x zuschneiden

TH-**1** 16 x zuschneiden

TH-**3** 4 x zuschneiden

TH-**5** 4 x zuschneiden

TH-**6** 4 x zuschneiden

TH-**2** 4 x zuschneiden

Wheels – Räder • 135

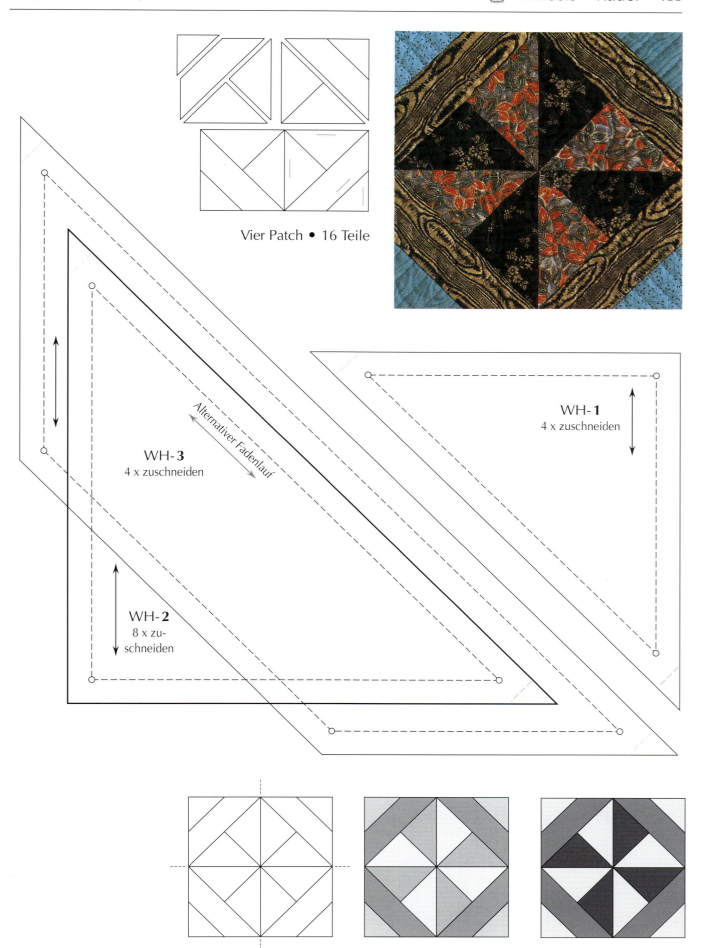

Vier Patch • 16 Teile

WH-**1**
4 x zuschneiden

WH-**3**
4 x zuschneiden

Alternativer Fadenlauf

WH-**2**
8 x zu-
schneiden

Bibliographie

Anthony, Catherine and Lehman, Libby. *The Big Book of Grids.* Mountain View, CA: Leone Publications, 1983.

Beyer, Jinny. *The Quilter's Album of Blocks and Borders.* McLean, VA: EPM Publications, 1980.

Birren, Faber. *Principles of Color.* New York: Van Nostrand Reinhold Co., 1969.

Bradkin, Cheryl Greider. *Basic Seminole Patchwork.* Mountain View, CA: Leone Publications, 1990.

Ickis, Marguerite. *The Standard Book of Quilt Making and Collecting.* New York: Dover Publications, 1959.

Itten, Johannes. *The Elements of Color.* New York: Van Nostrand Reinhold Co., 1970.

James, Michael. *The Quiltmaker's Handbook.* 1978. Mountain View, CA: Leone Publications, 1993.

_____ . *The Second Quiltmaker's Handbook.* 1981. Mountain View, CA: Leone Publications, 1993.

Leone, Diana. *The Sampler Quilt.* Mountain View, CA: Leone Publications, 1980.

_____ . *Investments.* Mountain View, CA: Leone Publications, 1982.

_____ . *Fine Hand Quilting.* Mountain View, CA: Leone Publications, 1986.

_____ . *Attic Windows.* Mountain View, CA: Leone Publications, 1988.

Martin, Judy. *Judy Martin's Ultimate Book of Quilt Block Patterns.* Denver: Crosley-Griffith. 1988.

Poster, Donna. *Speed-Cut Quilts.* Radnor, Pennsylvania: Chilton Book Company, 1989.

Rafalovich, Danita, and Pellman, Kathryn. *Backart: On the Flip Side.* Mountain View, CA: Leone Publications, 1991.

Thompson, Shirley. *The Finishing Touch.* Edmonds, Washington: Powell Publications, 1980.

_____ . *Old-Time Quilting Designs.* Edmonds, Washington: Powell Publications. 1988.

Bücher von Leone Publications

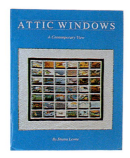  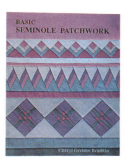  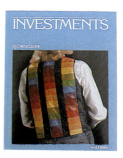

Attic Windows
Diana Leone
$16.95

Backart
Rafalovich & Pellman
$19.95

Basic Seminole Patchwork
Cheryl Bradkin
$16.95

Fine Hand Quilting
Diana Leone
$12.95

Investments
Diana Leone
$14.95

   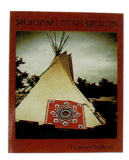 

The Quiltmaker's Handbook

The 2nd Quiltmaker's Handbook
Michael James
$14.95 each

Quiltmaker's Big Book of Grids
Anthony & Lehman
$14.95

Quiltmaker's Book of 6" Patterns
Anthony & Lehman
$12.95

Morning Star Quilts
Florence Pulford
Soft cover $24.95
Hard cover $34.95

Mini Appliqued Hearts
Sondra Rudey
$2.50

The Tied Quilt
Diana Leone
$2.50

Kaufinformationen

Alle genannten Bücher sind im Buchhandel erhältlich.
Außerdem können alle in diesem Buch erwähnten Stoffe, Werkzeuge und Bücher direkt über Leone Publications bestellt werden. Die Adresse ist:

The Quilting Bee
357 Castro Street
Mountain View, Ca. 94041
USA

Anfragen aus Europa werden an unser Büro in Deutschland weitergeleitet.

Selbstverständlich führen auch große Kaufhäuser, Stoffgeschäfte und Quiltläden einen Großteil dieser Artikel. Für weitere Informationen ist nachstehend die Adresse der deutschen Quiltgilde aufgeführt.

Patchwork Gilde Deutschland e.V.
Oktaviostr. 16a

22043 Hamburg

Stichwortregister

Abgerundete Ecke 65
Abpausen eines Musters 67
Applizieren 54
    Blindstich (Saumstich) 58
    mit einer Stofflage 56
    Hintergrundstoff 55
    Kurven und Spitzen 57
    Materialien 54
    Schablonen 54
    Stoff auf der Rückseite entfernen 56
Applizieren einer Stofflage 56
Appliziermethoden
    Nahtzugabe nach hinten falten 59
    Nahtzugabe nach hinten heften 57
Aufbewahren der Musterteile 44
Aufbewahren des Quilts 87
Aufnähen des Quilts 86
Auswahl der Muster 36

Beetweens (Nadeln) 8, 45, 73
Blindstich 58
Bügeln 52

Diagonal verlaufende Ecken
    Einfassung 83
    Randstreifen 65

Eckblöcke 60
    Annähen an Patchworkblöcke 62
Ecken 65
    abgerundete 65
    diagonale verlaufende 65
    rechteckige 48
Einfädeln der Nadel 75
Einfarbige Stoffe 20
Einheit, Reihe, Konstruktion eines Blockes 36
Einsetzen von Musterteilen 47
Entfernen von Heftfäden 80
Ermitteln des Stoffverbrauchs 12

Faden
    Baumwolle 8
    Wachsen des Fadens 75
Fadenende 78
Fadenverlauf 13
Fangen wir an 36
Farbbrücke 34
Farbechtheit, Test auf 35
Farbwert des Stoffes 20-23
Fehlerquellen (Nähen in Nahtzugabe) 47
Fingerhüte 9
Flanell 44
Füllmaterial 11

Gefalzte Nahtzugabe 59
Gemusterte Stoffe 20

Handnähen 45-48
Handquilten 72-81
Heften 69
    Entfernen der Heftstiche 80
    Heften auf einem Tisch 70
    Lagen des Quilts 69
    Stecknadelstich 70

Kreppband als Quiltlinie 80
Keilförmige Musterteile 48

Lineale 4

Markieren 66
    seitenverkehrte Schablonen 37
    zum Handquilten 66-67
Markieren des Stoffes 40
Maschinennähen 49-51
Matratzengrößen 16-17
Muster und Farbe 24-27
Mutterschablone 52

Nadeln
    Betweens 8, 45, 73
    für die Nähmaschine 8
    Sharps 8, 45, 54
Nadeleinfädler 7
Naht 45
Nähen 44-51
    gekurvte Nählinien 48
Nähmaschine
    Einstellen der Nahtzugabe 49
    Nadeln 10
Nähmaschinenfuß 10, 49
Nähte
    bügeln 52
    gekurvte Nählinien 48
    mit der Maschine genäht 50
    nähen in die Nahtzugabe 47
    von Hand genäht 46
Nahtzugabe nach hinten heften 57

Patchwork
    Ermitteln des Stoffverbrauches 12
Patchworkmuster 90
    54-40 oder Kampf 91
    Auswahl 36
    Bärentatze 93
    Blockhütte 114
    Blumengarten 100
    Brautkranz 94
    Dachfenster 91
    Dresdner Teller 97
    Drunkard´s Weg 98
    Fliegende Gänse 101
    Gartenweg 103

Geduldsspiel 123
Gerahmtes Quadrat 102
Großmutters Fächer 104
Haus 106
Henkelkorb 131
Hexenstern 111
Holländisches Puzzle 99
Honigbiene 105
Iris 108
Jakobs Leiter 110
Kartenspiel 96
Kreuz des Königs 113
Morgenstern 120
Pfingstrose 124
Pinienbaum 126
Räder 135
Römischer Streifen 128
Schraubzwinge 119
Stern von Mexiko 118
Stern von Ohio 122
Strahlende Hoffnung 95
Sturm auf dem Meer 132
Tag und Nacht 121
Unterstand in Kansas 112
Umzäunung 128
Wie verwenden Sie die Muster 88
Zylinder 134
Punkt-zu-Punkt 39
    Einsetzen von Teilen 47
    mit der Hand 45-48
    mit der Maschine 49-51
Punkt-zu-Punkt-Schablonen 39

Quilt-Pläne 16-17
Quilten 72-81
    an der Nahtlinie, im Nahtschatten 79
    der Umrandung 80
    durch die Nahtzugabe 79
    Kontur 79
    Nahtlinie 79
    Markieren des Musters 66
    Materialien 73
    Mehrere Quiltstiche auf einmal 77
    mit der Hand 66-73
    mit der Nähmaschine 80
    Muster 61
    Rahmen 11
    runde Quiltrahmen 11, 73
    Schablonen 67
    Stifte für das Markieren 5
    Zwischenstreifen 80
Quilten entlang der Kontur 79
Quiltmuster, Vorschläge 67
Quiltrahmen 11
Quiltstich 76

Rahmen 11,73
Randstreifen 64
    annähen 64-65
    diagonal verlaufende Ecken 65

STICHWORTREGISTER

Ränder 80
Raster 88
Reinigen des Quilts 84
Rückseite
   künstlerisch gestaltete Rückseite 68
   Vorbereiten der Rückseite 68

Schablonen
   Material 6, 36
   mit Nahtzugabe 39
   ohne Nahtzugabe 38
   Schneiden 36-39
Schablone, 12" (30cm) Mutter 52
Scheren 9
Schneiden des Stoffes 41-42
Schneiden mit dem Rollschneider 41-42
Schneidelineal und Schneidematte 4
Schrägband 82
   Annähen am Quilt 82-83
   doppeltes Schrägband 82-83
   fortlaufendes Schrägband 82-83
   Heften des Schrägbandes 83
   Mengenberechnung für Schrägband 82
   Stoff für Schrägband 83
Schrägband, wieviel 82
Signieren des Quilts 84

Stecknadeln 7
Stencils (Quiltschablonen) 67
Stiche
   Blindstich 58
   Quiltstich
      ein Quiltstich 76
      mehrere Quiltstiche auf einmal 77
Stifte zum Markieren 5
Stil und Stimmung 28
Stoff
   Ausbleichen 35
   Auswahl 18
      generelle Richtlinien 34
   Breite 13
   Drucke 20
   Ermitteln des Stoffverbrauchs 12
   Farbwert 20-23
   Markieren 40
   Markierungsstifte 5
   Stoff-Farben, Farbfixierer 35
   Struktur 30
   Unis 20
   Vorbereitung 35
Stoffmarkierer und -Stifte 5
Struktur von Musterdrucken 30

Umriß quilten 79

Vorbereiten
   der Rückseite 68
   der Stoffe 35

Waschen des Fadens 75
Waschen des Quilts 84
Webkante 36
Wert eines Quiltes 87

Zubehör für die Nähmaschine 10
Zubehör und Material 4
   Applizieren 54
   Handnähen 45
   Quilten 73
Zusammenfügen des Quilts 66
Zusammennähen von Einheiten
   mit der Hand 46
   mit der Maschine 50
Zwischenstreifen 60
   Annähen der Blöcke 62

Muster nach Schwierigkeitsgrad geordnet

Blockhütte	Ein /Vier Patch	114
Dachfenster	Vier Patch	92
Garnrollen	Vier Patch	130
Geduldsspiel	Vier Patch	123
Gerahmtes Quadrat	Vier Patch	102
Großmutters Fächer	Appliziermotiv	104
Holländisches Puzzle	Vier Patch	99
Jakobs Leiter	Neun Patch	110
Kreuz des Königs	Vier Patch	113
Räder	Vier Patch	135
Römischer Streifen	Vier Patch	128
Schraubzwinge	Neun Patch	119
Stern von Ohio	Neun Patch	122
Umzäunung	Neun Patch	128

54-40 oder Kampf	Neun Patch	91
Bärentatze	Sieben Patch	93
Blumengarten	Ein Patch	100
Brautkranz	Appliziermotiv	94
Dresdner Teller	Appliziermotiv	97
Fliegende Gänse	Vier Patch	101
Gartenweg	Vier/36 Patch	103
Haus	Ein Patch	106
Henkelkorb	Vier Patch/Appliziermotiv	131
Kartenspiel	Neun Patch	96
Morgenstern	Vier Patch	120
Pfingstrose	Achtzackiger Stern	124
Stern von Mexiko	Neun Patch Diagonal	118
Strahlende Hoffnung	Vier Patch	95
Tag und Nacht	Neun Patch Diagonal	121

Drunkard's Pfad	Vier/Sechzehn Patch	98
Hexenstern	Vier Patch	111
Honigbiene	Neun Patch/Appliqué	105
Sturm auf dem Meer	Vier Patch/64 Patch	132
Unterstand in Kansas	Vier Patch	112
Zylinder	Achtzackiger Stern	134

Iris	Appliziermotiv	108
Pinienbaum	Fünf Patch	126

Die Miniaturausgabe eines Musterquilts von Elizabeth Voris, 1980. Die Blöcke sind 3" (7,5 cm) groß. Diese Arbeit ist handgenäht und handgequiltet.

Die Miniaturausgabe eines Musterquilts; handgenäht und handgequiltet von Elizabeth Voris, 1980. Die einzelnen Blöcke sind 3" (7,5 cm) groß.